발표! 토론!
남 앞에서 말하는게
제일 싫어!

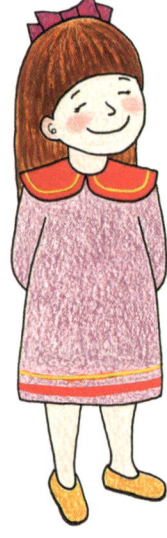

남 앞에서 말하는 것을 두려워하는 어린이의 마음을 살펴보고
표현하는 재미를 일깨워 주는 생각동화

발표! 토론!
남 앞에서 말하는 게
제일 싫어!

박현숙 지음 | 박예림 그림

팜파스

어린이 친구들에게

　공부하는 것도 어렵고 운동도 어렵지만 남 앞에서 하고 싶은 말을 떨지 않고 한다는 것은 정말 어렵지요.

　나도 초등학교 때 그랬어요. 집에서는 하고 싶은 말을 다 하는데 밖에만 나가면 풀칠을 한 것처럼 입이 딱 달라붙었어요.

　그러던 어느 날, 내가 분단장이 되었을 때예요. 그때의 분단은 지금의 모둠과 비슷했지요. 일주일에 한 번씩 돌아가며 분단장을 했는데 아이들에게 청소도 시키고 숙제도 걷어 가고 선생님 심부름도 했지요. 그런데 우리 분단에 기창이라는 아이가 있었는데 청소 시간마다 놀기만 하는 거예요.

나는 기창이에게 그러면 안 된다고 따끔하게 말하고 싶었어요. 기창이 행동을 선생님께 말씀드리고 싶기도 했고요. 그런데 말만 하려고 하면 가슴이 뛰고 숨도 막히고 입은 딱 달라붙었지요. 기창이는 내가 그런 걸 알고 아주 좋아하는 것 같았어요. 나는 그런 내가 한심하게 느껴졌어요. 이래서는 안 되겠다는 생각을 했어요. 그래서 기창이에게 하고 싶은 말을 적어서 거울을 보고 말하는 연습을 시작했어요.

처음에는 아무도 보는 사람이 없는데도 부끄러웠어요. 하지만 연습을 거듭할수록 자신감이 붙었어요. 거울을 보고 연습하고 나서는 가족들 앞에서 연습을 했어요.

그래서 어떻게 되었느냐고요? 기창이한테 정말 따끔하게 말해 주었어요. 지금도 말을 하는 나를 놀란 표정으로 바라보던 기창이 모습을 잊을 수가 없어요. 그 뒤로 나는 발표도 잘하고 남 앞에서 내 의견을 말할 줄 아는 아이가 되었어요.

누군가 앞에서 말하기가 두렵고 떨린다고요? 명 연설가로 알려진 영국의 처칠 수상도 남 앞에 서는 걸 두려워하고 발음도 좋지 않았대요. 처칠 수상은 그것을 극복하기 위해 할 말을 적어서 피나게 연습했다고 해요. 연습과 노력을 통해 최고의 명 연설가가 될 수 있었던 거예요. 이 세상에서 노력해서 불가능한 것은 없어요.

  이 책의 주인공 민동이도 그런 아이였어요. 하지만 두려움을 극복하기 위해 노력하기 시작했고 조금씩 달라지고 있답니다. 책을 읽는 여러분도 주인공 민동이처럼 노력과 연습을 통해 당당한 아이가 되었으면 좋겠어요. 그럼 민동이를 만나러 책 속으로 들어가 볼까요?

동화작가 박현숙

차례

어린이 친구들에게 🔊 5

특이한 선생님을 만나고 말았다! 🔊 10

말 때문에 아빠 보너스가 날아갔다! 🔊 20

얄미운 민두와 두근두근 소라 사이 🔊 29

누가 쓴 편지일까? 🔊 37

그런 발표 대회가 어디 있어요? 🔊 47

그건 당황해서 한 말이라구 🔊 56

찌그러진 깡통으로 살아야 하나 🔊 66

저의 사부가 되어 주세요!! 🔊) 79

말보다 자신감이 먼저라고? 🔊) 90

마음을 표현하지 않으면…… 🔊) 96

기회는 자주 오지 않아! 🔊) 103

마음이 느껴지는 말이었어! 🔊) 113

편지의 범인이 밝혀지다! 🔊) 122

남 앞에서 이야기하면
왜 자꾸 긴장되고 목소리가 떨리는 걸까요? 🔊) 130

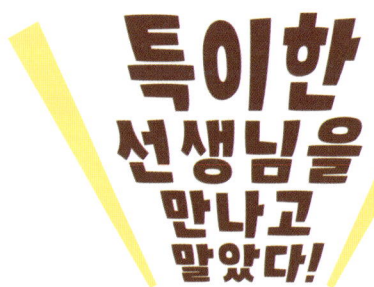

    가슴은 쿵쿵 뛰고 머릿속은 아지랑이가 피어오르는 듯 가물가물했다. 내가 토요일과 일요일에 뭘 했더라? 생각하려고 하면 할수록 머릿속은 더 자욱해지고 점점 컴컴해졌다. 도무지 생각이 나지 않았다.

    "잘 생각해 봐. 찬찬히."

    선생님이 인심 좋은 표정으로 빙그레 웃었다. 나는 대답 대신 뒤통수를 벅벅 긁었다. 바로 어제의 일이 천 년도 넘게 지난 것처럼 멀고 아득하게만 느껴졌다.

교실 안에는 햇살이 잔뜩 들어섰다. 눈부신 햇살을 바라보자 쨍하니 머리가 깨지는 느낌이 들며 더 아득해졌다.

"바로 어제 일인데 영 생각이 안 나?"

"그게……."

나는 고개를 숙이며 슬쩍 소라 자리를 바라봤다. 이쪽을 보고 있던 소라와 그만 눈이 딱 마주치고 말았다. 목덜미와 귓불이 한순간 뜨겁게 달아올랐다. 아, 창피해.

전학을 온 날 나는 소라에게 첫눈에 반했다. 그런데 소라에게 이런 모습을 보이다니. 무슨 망신이람.

"그만 앉으렴."

"네……."

바람이 빠진 채 찌그러진 공처럼 몸을 움츠리고 자리에 앉는 순간이었다. 거짓말처럼 머릿속에 가득 찼던 어둠이 사라지고 영화의 한 장면처럼 자전거가 떠올랐다. 아, 맞다. 토요일 오후에 아빠와 함께 자전거를 타고 동네를 돌았다. 새로 이사한 동네를 익히려면 직접 돌아보는 게 최고라고 아빠가 그랬다. 이렇게 선명하게 떠오르는 일들이 왜 일어나서 말하려고 할 때는 생각나지 않은 걸까.

"뭐, 이틀 동안 게임만 했겠지. 우리 할머니가 그러는데 너, 게임 무지하게 좋아한다며?"

그때 누군가 중얼거리는 말이 뒤통수를 툭툭 쳤다. 나는 고개를 숙인 채 살며시 뒤돌아봤다. 바로 뒤에 앉은 민두가 커다란 콧구멍을 벌름거리며 나를 빤히 바라보고 있었다. 민두 짝꿍 보형이는 민두 말에 낄낄거렸다.

홍민두는 바로 우리 앞집에 산다. 우리 집이 503호, 홍민두 집이 504호다. 이사하던 날, 이삿짐을 들이느라고 정신없을 때 웬 할머니와 돌콩처럼 머리가 동그란 아이가 기웃거렸다.

"아이구아, 살림이 아주 많구먼. 식구가 많은가?"

뽀글뽀글 파마를 한 할머니는 이사를 잘하는지 못하는지 감시하는 사람처럼 이삿짐을 일일이 눈여겨보며 말했다. 나는 첫눈에 그 할머니가 아주 참견을 좋아하는 사람일 거라고 생각했다. 그 할머니가 바로 홍민두 할머니였고 돌콩 같은 머리를 한 아이가 홍민두였다.

홍민두 할머니와 우리 할머니는 이사 온 지 이틀 만에 절친이 되었다. 우리 할머니는 매일 홍민두 집에 가서 살 정도다.

"아니거든."

나는 민두에게 눈을 부릅뜨고 말했다.

"아니기는 뭐가 아니야. 너희 할머니가 우리 할머니한테 그러셨다는데."

내가 할머니 때문에 못 산다. 손자 흉을 보는 할머니가 세상에 어디 있담. 그건 집안 망신을 시키는 거다.

"이번에는 소라가 발표해 볼까? 소라는 주말에 뭐 하고 지냈지?"

선생님이 소라를 부르는 순간 정신이 번쩍 들었다.

"저는 일요일에 연극을 보러 갔어요. 고모가 희곡 작가인데 고모가 쓴 희곡이 연극이 되었거든요."

우와! 아이들이 약속을 한 것처럼 놀랐다. 아이들은 그 연극이 어디서 하는 거냐, 제목이 뭐냐, 우리가 가서 소라 네 친구라고 말하면 공짜로 볼 수 있냐, 이것저것 묻느라고 정신없었다. 교실은 윙윙윙 벌떼가 날아든 것처럼 시끄러워졌다.

소라는 정신없이 쏟아져 나오는 아이들의 질문을 하나하나 집게로 집어내듯 정확하게 대답해 주었다. 소라를 보면서 나는 다시 목덜미가 후끈 달아올랐다. 소라에 비해 내가 형편없이 작아지는 기분이었다. 교실 구석에 처박힌 먼지처럼 말이다. 문득

예전에 다니던 학교로 도로 가고 싶어졌다.

'괜히 이사는 오자고 해서.'

나는 엄마를 원망했다. 엄마는 제일 친한 친구가 살고 있는 이 동네로 이사하는 것이 꿈이라고 했다. 공기도 좋고 깨끗한 신도시라고 말이다. 거기에다 학교도 새 학교라 시설도 좋고 프로그램도 알토란 같다나 뭐라나.

알토란이 뭔지 모르지만 엄마는 그 말에 더 흥분했고 날이면 날마다 아빠를 졸랐다. 그리고 드디어 이 동네로 이사를 오게 된 거다.

뭐, 엄마 친구 말이 틀린 건 아니다. 처음에는 나도 새로 이사 한 동네가 마음에 들었다. 특히 학교가 무지하게 가깝다는 게 제일 좋았다. 학교 담 옆이 한별아파트 201동인데 우리 집이 바로 201동 503호다. 늦잠을 자도 헐레벌떡 서두를 필요도 없다. 엎어지면 코까지 가지도 않고 턱에 걸릴 정도니까. 이 동네로 이사를 하자고 한 엄마에게 넙죽 절이라도 하고 싶었다.

새 동네로 이사 와 기분 좋고 설레어 고무풍선처럼 붕붕 떠오르던 내 마음은 전학 온 첫날에 땅으로 곤두박질쳤다. 아이들에게 내 소개를 하고 난 후 선생님은 갑자기,

"강민동. 친구들에게 꿈이 뭔지 한 번 말해 볼까?"

이렇게 말하는 거다. 순간 나는 심장이 너무 뛰어 거의 기절할 뻔했다.

왜냐고? 공부도 그럭저럭 잘하고 운동도 그럭저럭, 노래와 미술도 그럭저럭 다 잘하는 내가 딱 하나 못하는 것이 있다. 그건 바로 남 앞에서 말하는 거다. 신나서 목구멍 밖으로 뛰쳐나오던 말도 남 앞에만 서면 쑥 들어가 버린다. 나도 내가 왜 그러는지 잘 모르겠다.

"사진작가……."

나는 후들거리는 다리에 힘을 주며 겨우 한마디 했다. 목소리도 다리처럼 떨렸다.

"오! 그렇구나. 사진작가가 되겠다는 꿈은 언제부터 꾸었니? 그런 꿈을 가지게 된 동기가 무엇이었을까?"

선생님의 목소리가 짜랑짜랑 교실에 울려 퍼질 때 나는 그 자리에 주저앉고 싶었다. 사진작가가 되고 싶다고 말하면 자리에 앉을 줄 알았는데! 굳이 그런 것까지 궁금할 게 뭐람. 결국 나는 얼굴이 빨개져서 한마디도 하지 못했다.

첫날부터 나는 찌그러진 깡통이 된 기분이었다. 선생님이 가

리키는 자리에 주춤주춤 가 앉는데 옆자리에 앉은 소라를 보고 숨이 멈추는 줄 알았다. 나는 소라에게 첫눈에 반하고 말았다. 세상에 태어나 처음으로 첫눈에 반한 아이를 만나는 날, 그 애 앞에서 창피를 당하다니.

'첫날이니까 내가 어떤 아이인지 궁금해서 이것저것 물어본 걸 거야.'

그날 나는 애써 그렇게 생각하기로 했다.

하지만 그건 나만의 착각이었다. 우리 선생님의 취미는 아이들에게 발표를 시키는 거였다. 걸핏하면 이름을 불러 세우고는 "네 생각은 어때? 왜 그렇게 생각해?" 이렇게 물었다. 남의 생각이 뭐가 그렇게도 궁금한지.

월요일인 오늘은 주말에 뭘 했는지 꼬치꼬치 물었다. 주말에 뭘 했는지가 왜 궁금하담. 하여간 선생님은 정말 특이하게도 남의 사생활에 관심이 많다. 특이한 선생님 때문에 앞으로 내가 괴롭게 생겼다.

집으로 돌아왔을 때 엄마는 친구와 통화를 하고 있었다. 바로

이 동네로 우리를 이사 오게 만든 그 친구다. 나는 엄마 친구도 원망스러웠다.

"얼굴이 왜 그렇게 죽을상이냐? 친구랑 싸웠어? 아니면 선생님에게 야단맞은 거냐?"

할머니가 큰 양푼 그릇을 들고 주방에서 나왔다. 양푼 안에는 비빔밥이 가득 들어 있었다.

"아니에요."

나는 볼멘소리를 했다.

"아니긴 뭐가 아니냐? 내가 척 보면 아는데. 왜 그러는 건데?"

할머니는 방까지 따라왔다. 비빔밥을 입 안 가득 넣고 우물거리면서 말이다.

"할머니."

나는 할머니를 물끄러미 바라봤다.

"왜? 말을 해, 말을."

"……."

"말을 하라니까 그러네."

할머니가 재촉했다.

"나는 왜 남 앞에 서면 말을 못해요? 누구를 닮아서 그래요?"

말을 하다 보니 학교에서 있었던 일이 떠올라 콧날이 시큰해졌다.

"누구를 닮겠어? 아빠를 닮았지. 민동이 네 아빠가 말이다, 집안에서는 아주 변호사처럼 말을 잘하는데 밖에 나가면 입에 풀칠을 한 것처럼 꿀 먹은 벙어리였지."

휴~ 한숨이 나왔다. 나는 아빠를 꼭 빼닮았다. 나도 집에서는 좀 조용히 하라는 말을 들을 정도로 말이 많다. 하지만 남 앞에 서면 아빠처럼 변한다.

"뭐라고? 그게 정말이야?"

그때 거실에서 엄마가 소리쳤다. 무슨 일이 있는 것 같았다.

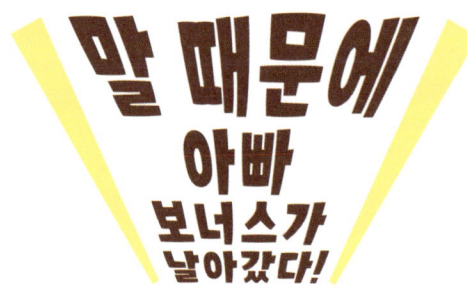

"그러니까 뭐냐. 애비가 말을 제대로 못해서 돈을 왕창 잃었다는 말이냐? 혹시 보이스피싱인가 뭔가 그거에 당한 거냐?"

할머니가 물었다.

"아휴, 어머니. 그게 아니고요. 민동이 아빠 회사에서 새로운 제품을 개발하는 데 좋은 의견을 낸 사람에게 엄청난 보너스를 준다는 사실은 어머니도 알고 계시지요?"

"알고 있지. 그거 준비하느라고 애비가 잠도 제대로 못 자고 야근도 밥 먹듯 하지 않았니. 아주 좋은 아이디어가 있다고 좋아했었는데. 엊그제는 나보고 기대하라고 큰소리까지 뻥뻥 쳤었지. 보너스를 받으면 해외여행 보내 주겠다고."

그건 나도 알고 있다. 아빠가 나에게도 약속한 게 있다. 보너스를 받으면 새 자전거를 사 주겠다고 하셨다. 얼마나 자신 있어 하는지 나는 당연히 아빠가 보너스를 받을 줄 알고 있었다.

"그런데 오늘 그동안 야심차게 준비한 것을 발표하는 자리에서 제대로 못했나 봐요. 보너스는 날아가 버리고요."

"아이고, 저런. 그런데 네가 애비 회사에 가 본 것도 아니고 그걸 어떻게 알아?"

"아유, 참 어머니. 제 친구 남편이랑 민동이 아빠랑 같은 회사에 다니잖아요. 이 동네로 이사 오라고 한 그 친구 말이에요. 친구 남편이 좀 전에 전화했대요. 더 속상한 건 그 보너스를 제 친구 남편이 받게 되었대요. 들어 보니 민동이 아빠와 비슷한 제안을 한 거 같던데. 발표를 기막히게 잘했나 봐요."

엄마 표정은 금방이라도 울 거 같았다.

"아니, 그걸 왜 못해? 생각하고 준비하기가 힘들지 그깟 발표하는 게 뭐가 힘들다고? 그럼 해외여행은 날아간 거냐?"

할머니가 답답한 듯 가슴을 턱턱 쳤다. 할머니의 해외여행과 함께 내 새 자전거도 날아갔다.

"그러게 말이에요. 어머니 해외여행만 날아간 게 아니고요. 식탁도 날아갔어요. 이사도 해서 새로 사려고 봐 둔 식탁이 있었거든요. 보너스 타면 사려고 했는데 다 틀렸어요. 제 친구도 그 식탁을 같이 봤었는데 아주 마음에 들어 했지요. 보너스도 받게 되었으니 헌 식탁 버리고 그 식탁을 산다고 그러더라고요. 제 친구는 말을 잘하는 남편을 둬서 진짜 좋겠어요. 그런 남편이랑 결혼한 친구가 부러워요."

엄마는 부러워 죽겠다는 표정이었다.

"에이, 그래도 그렇게 말하면 안

어머 어머니
제가 언제

되지."

갑자기 할머니가 화를 벌컥 냈다.

"제가 무슨 말을 했는데요?"

엄마가 눈을 동그랗게 떴다.

"좀 전에 네가 한 그 말은 우리 아들 그러니까 민동이 아빠와 결혼한 걸 후회한다 이 말이잖니. 그깟 보너스 때문에 그런 말을 함부로 하면 안 되지."

"어머, 어머니. 제가 언제 후회한다고 했어요? 제 친구가 부럽다고 했지요."

"그 말이 그 말이지."

아빠 때문에 할머니와 엄마가 목소리를 높였다. 할머니와 엄마는 그 말이 그 말이다, 그 말은 그 말이 아니다, 이러면서 한참 동안 했던 말을 또 하며 목소리를 높였다.

아빠가 발표를 못해 보너스를 놓치는 바람에 집안에는 찬바람이 쌩쌩 불었다. 할머니는 이래저래 속상하다면서 끈으로 머리를 동여매고 누웠다. 엄마는 속이 터진다며 싱크대 가득 그릇을 꺼내 놓고 깨끗한 그릇을 닦고 또 닦았다.

할머니는 속상하다고 하고 엄마는 속이 터진다고 하고 나는 걱정이 태산처럼 쌓였다. 나는 발표라는 것이 학교를 졸업하는 순간 끝나는 건 줄 알았다. 내가 빨리 어른이 되고 싶은 이유 중에 하나가 바로 발표를 하기 싫어서다. 그런데 아빠를 보니 그게 아닌 거 같았다. 어른들도 회사에서 발표를 하는 모양이다. 그럼 나중에 할아버지가 되어야 발표를 하지 않는 건가. 아, 진짜, 왜 이렇게 살기 힘들어.

해가 뉘엿뉘엿 지기 시작하자 할머니가 끙끙 앓는 소리를 내며 방에서 나왔다.

"오늘 저녁에는 탕수육 좀 해 먹자."

탕수육이라는 할머니 말에 나는 귀가 솔깃했다. 엄마가 제일 잘하는 요리가 바로 탕수육이다. 나는 슬금슬금 방에서 나왔다.

"어머니는 돼지고기 안 좋아하시잖아요? 특히 탕수육은 니글니글 하다면서 별로 안 드시면서 갑자기 탕수육은 왜 하라고 하세요? 돼지고기 말고 닭고기로 만들까요?"

엄마는 싱크대를 닦던 손을 멈추고 말했다. 아주 주방이 반짝반짝 빛이 났다.

"아니다. 돼지고기로 해라. 내가 먹으려고 그러냐? 애비 먹이려고 그러지. 눈앞에 떡하니 버티고 있던 보너스를 놓쳤으니 당사자는 얼마나 속상하겠니?"

엄마는 할머니 말에 대답하는 대신 다시 싱크대를 벅벅벅 닦기 시작했다.

"탕수육 해라."

할머니가 다시 말했다.

"어머니. 저는 지금 탕수육 만들고 싶은 마음이 아니에요. 물론 어머니가 드시고 싶다면야 만들겠지만 민동이 아빠 먹으라고 힘들여 요리하고 싶지 않다고요. 이해해 주세요."

엄마 목소리가 싸늘했다.

"너는 발표를 못해서 창피당하고 기죽은 애비가 불쌍하지도 않니?"

"저는 제 친구한테 기죽은 제가 더 불쌍해요."

할머니와 엄마의 2차전이 시작되었다.

아무래도 탕수육 먹기는 다 틀린 거 같았다. 나는 방으로 들어와 버렸다.

숙제를 하고 있을 때 아빠가 전화를 했다.

"할머니랑 엄마랑 지금 기분이 어떠니?"

내가 전화를 받자마자 아빠는 빠르게 물었다.

"아빠 때문에 엉망이에요."

"그렇지? 여기 놀이터인데 그런 거 같아서 못 들어가고 있어."

아빠 목소리에 힘이 하나도 없었다.

나는 놀이터에 가 보려고 방에서 나왔다. 집안 가득 콩나물국 냄새가 났다. 콩나물국은 아빠가 별로 좋아하지 않는 반찬이다.

아빠는 놀이터 그네에 앉아 있었다.

"엄마가 콩나물국 끓이고 있어요."

나는 옆 그네에 앉으며 말했다. 아빠는 하늘을 바라볼 뿐 아무 말도 하지 않았다.

"아빠. 왜 어른들도 발표를 해요? 그냥 회사 일만 잘하면 되는 거 아닌가요? 일 잘하는 사람한테 보너스를 주면 되는 거잖아요."

"아무리 아는 게 많아도 표현을 못하면 누가 알겠니? 내 능력을 제대로 알릴 줄 아는 게 중요해. 이럴 줄 알았으면 아빠도 어렸을 때부터 발표 능력을 키우는 건데 그랬다. 남 앞에 서도 떨리지 않는 담력을 키울 걸 그랬어. 남 앞에만 서면 왜 그렇게 후들후들 떨리고 하고 싶은 말은 안 나오고 엉뚱한 말만 나오는지, 원."

아빠는 하늘을 보며 한숨을 쉬었다. 나는 아빠를 보며 앞이 캄캄해졌다. 나도 나중에 커서 이런 일을 겪으면 어쩌나 걱정이 되었다. 아빠처럼 놀이터 그네에 앉아 하늘을 보며 한숨을 쉬기는 싫었다. 싫어하는 콩나물국을 먹어야 하는 것도 별로다.

"민두랑 친하게 지내라고요? 왜요?"

나는 할머니를 빤히 바라봤다. 할머니가 민두 할머니와 설진이면 절친이지 왜 나까지 민두와 절친으로 만들려고 하는지 모르겠다.

"왜긴 왜야? 민두 할머니 말을 듣자니 민두가 발표를 아주 잘한다고 하더라. 삼 학년 때는 그 뭐냐, 토론 대회인지 뭔지 거기 나가서 일등도 먹었다고 하던데. 민두와 친하게 지내면 너도 발표를 잘할 거 아니야? 친구 따라 강남 간다는 말이 그저 생긴 말은 아니지."

 친구 따라 강남 간다는 말은 또 뭐람.

 민두가 발표를 잘하는 건 사실이다. 잘하는 정도가 아니라 꽤 잘한다. 민두는 선생님이 이름을 부르지 않아도 먼저 손을 번쩍번쩍 든다. 목소리도 카랑카랑하고 커서 하는 말마다 귀에 쏙쏙 들어온다. 하지만 나는 민두와 친하게 지내고 싶은 생각이 눈곱만큼도 없다.

 어제 수학 시간에 민두 때문에 망신을 당했다. 선생님이 수학 문제를 내주고 누구에게 발표를 시킬까 교실을 둘러보고 있을 때였다. 갑자기 민두가 볶던 콩처럼 톡 튀어 나서더니,

 "선생님. 오늘 수학 발표는 우리 줄을 시켜 주세요."

 이러는 거다. 민두 말을 듣는 순간 나는 벼락이라도 맞은 거처럼 충격을 받았다. 나도 민두와 같은 줄이었으니까!

 그냥 앞으로 나가 칠판에 문제를 푸는 거라면 나도 자신 있다. 그런데 아이들에게 발표를 시키는 게 취미인 선생님은 달랐다. 일어나서 문제 풀이를 말로 설명하라는 거다. 분명 풀 줄 아는 문제였는데 말로 설명하려니까 할 수가 없었다.

 내가 말하지 못한 문제는 민두가 했다. 아주 보란 듯이 목소

리를 높여 말했다. 가만 보니 잘난 척을 하고 싶어 그랬던 것 같았다. 그렇게 얄미운 민두와 친하게 지내라니.

"싫은데요."

나는 딱 잘라 말했다.

"싫긴 뭐가 싫어? 할미 말을 들으면 자다가도 떡이 생기는 법이다. 오늘은 토요일이라 학원도 안 갈 테고, 심심하게 혼자 있지 말고 민두 집에 놀러 가 봐라."

심심하기는 무슨, 엄마 없는 틈에 게임 좀 하려고 했는데.

그새 할머니는 504호에 인터폰까지 했다.

"그 집 손자 뭐해? 우리 손자 놀러 보내려고. 으응. 그래, 그래. 지금 보낼게."

나는 할머니에게 등 떠밀려 민두네 집으로 갔다. 나를 민두 집으로 밀어 넣은 할머니는 민두 할머니와 노인정에 놀러 간다고 나갔다.

"네가 우리 집에 놀러 오겠다고 했니?"

민두가 물었다. 무슨 그런 말도 안 되는 소리를.

"아니거든."

나는 고개를 세차게 저었다.

"나 지금 나갈 건데 갑자기 놀러 오면 어떻게 해?"

내가 놀러 오고 싶어서 놀러 온 것도 아닌데 민두는 나를 원망했다. 나도 너랑 놀고 싶은 마음은 개미 발톱에 낀 때만큼도 없거든! 집으로 가려고 일어나는데 민두도 일어났다.

"그냥 집에 가려고? 그러면 곤란하지."

"뭐가 곤란해?"

"할머니가 같이 놀라고 했는데 놀아야 할 거 아니야. 나는 우리 할머니와 엄마 아빠 말씀은 무슨 일이 있어도 들어. 너는 안 그런가 보네?"

학교에서는 잘난 척에, 집에서는 착한 척이다.

"나도 그렇거든."

나는 입을 빼물고 대꾸했다.

"그럼 너도 어쩔 수 없이 나랑 놀아야겠네. 만화 카페에 갈 건데 같이 가자."

"그러든가."

나는 민두를 따라나섰다. 만화 카페보다는 게임방에 가면 더 좋을 텐데 아쉬웠다. 나는 책은 별로다. 만화책도 책이라서 별로다. 만화책이 가득 꽂힌 책장 사이에 앉아 있을 생각을 하자

벌써부터 좀이 쑤셨다.

　민두는 큰 사거리 근처 건물 3층에 있는 '재미난 만화 카페'로 들어갔다. 만화 카페는 상상했던 것과는 달랐다. 잔잔한 음악이 흘렀고 카페 안은 넓고 환했다. 민두를 따라 어슬렁어슬렁 만화 카페에 들어서자마자 나는 깜짝 놀랐다. 거짓말처럼 소라가 앞에 서 있었다. 나는 헛것을 본 거 같아 두 손으로 눈을 박박 문질렀다. 다시 봐도 소라였다.

　"민동이도 왔구나."

　소라가 손을 흔들며 활짝 웃었다. 그 순간 가슴에서 쿵쿵 소리가 들리며 얼굴이 뜨거워졌다.

　'소라 너도 만화를 좋아하는구나.'

　이 말을 해야 할 것 같은데 입이 딱 붙어 떨어지지 않았다.

　"이 만화 카페는 소라 아빠가 운영하는 곳이야."

　민두가 말했다.

　민두는 내가 얼음처럼 서 있는 것과는 달랐다. 그 전에도 많이 와 본 것 같았다. 소라 아빠에게 핫도그를 주문하기도 하고 무슨 책이 새로 들어왔는지 묻기도 했다. 소라는 친절하게 컴퓨터로 새로 들어온 책을 검색해서 알려 주었다.

"이거 재미있겠다. 길고양이를 가족으로 받아들여서 살아가는 이야기네. 이거 보자."

"좋지. 나는 그런 내용 진짜 좋아해."

민두는 소라 말을 덥석 물었다.

민두와 소라가 폴짝거리며 책을 찾으러 갔다. 이상하게 둘을 따라가기가 망설여졌다. 어쩐지 쑥스럽고 어색했다. 나는 소라, 민두와 멀찌감치 떨어져서 뒷짐을 지고 책꽂이에 꽂힌 책 제목을 읽었다. 하지만 눈은 계속 소라와 민두 쪽으로 향했다.

민두는 뭐가 좋은지 입이 귀에 걸릴 정도로 웃었다. 그 모습을 보자 공연히 심술이 났다. 한편으로는 민두가 부럽기도 했다.

'후유, 나도 소라에게 하고 싶은 말을 다 했으면 좋겠다. 아니지, 소라가 보는 앞에서 망신이나 좀 그만 당했으면 좋겠다.'

나는 한숨을 쉬며 구석으로 들어갔다. 사람들이 잘 읽지 않는 책들만 모아 놨는지 책장에 먼지가 있었다.

"어, 이게 뭐야?"

천천히 책꽂이에 꽂힌 책을 보던 나는 책 제목을 보고 눈이 번쩍 띄었다.

'발표 잘하고 말 잘하는 아이로 만들어 주는 마법의 책?'

세상에 이런 책이 다 있나. 나도 모르게 책을 꺼내 표지를 넘겼다. 보물이라도 발견한 것처럼 가슴이 뛰었다.

표지를 넘기자 새빨간 입술 그림이 나타났다. 다른 색깔은 조금도 섞이지 않은 아주 새빨간 입술이었다. 그것을 보는 순간 갑자기 여우가 생각났다. 왜 여우가 생각났는지는 잘 모르겠지만 입이 뾰족한 여우를 떠올리자 소름이 돋았다.

입술 그림 위에는 '입 풀기 체조'라고 쓰여 있었다. 입술 그림은 몇 장 연이어 나왔다. 각 장마다 글자가 달라지면서 입 모양은 달라졌다.

아야 어여 오요 우유……. 새빨간 입 모양은 글자를 읽을 때 모양으로 변해 갔다. 나도 모르게 책장을 넘기며 입 모양을 따라 했다. 따라 하다 보니 은근히 재미있었다. 어쩐지 내 입술도 새빨간 색이 되어 있을 것 같은 착각도 들었다.

한참 입 풀기 체조를 하자 입이 한결 부드러워진 느낌이 들었다.

"핫도그 먹자."

그때 민두가 불렀다. 나는 마법의 책을 조심스럽게 책꽂이에 꽂아 놓았다.

　어제 먹은 삼계탕이 문제인 게 확실했다. 그렇지 않고서야 오늘 새벽부터 지금까지 설사를 여섯 번이나 할 수는 없다. 2교시 국어 시간에는 진짜 앉은 자리에서 똥을 싸는 줄 알았다. 그렇지만 수업 시간에 화장실에 다녀오겠다는 말은 도저히 할 수 없었다. 등골을 타고 식은땀이 줄줄 흘렀다. 더 이상 엉덩이에 힘을 줄 수 없을 정도가 되었을 때 2교시를 마치는 종이 울렸다. 나는 번개처럼 일어나 쏜살같이 교실 밖으로 뛰어나갔다.

　설사를 하면서 삼계탕에 무슨 문제가 있는 걸까 골똘히 생각했다. 닭이 썩은 걸까? 인삼이 상한 걸까? 오만 가지 생각을 다 하며 폭포 같은 설사를 하고 나자 배가 쿨렁쿨렁해질 정도로 가뿐했다.

가벼운 걸음으로 교실로 들어서는데 분위기가 이상했다. 사물함 앞에 아이들이 우르르 몰려 있고 보형이가 종이 한 장을 흔들고 있었다.

"이거 누가 썼을까?"

보형이가 손에 쥔 종이를 힘차게 흔들었다. 종이가 깃발처럼 나부꼈다.

"그만해."

소라가 얼굴을 있는 대로 찡그리며 소리쳤다. 설사를 하고 오는 단 몇 분 만에 교실에서 무슨 일이 터진 게 분명했다. 분위기로 보아 보통 일이 아닌 거 같았다.

"민동아."

슬금슬금 자리로 돌아오는데 보형이가 불러 세웠다.

"너 아니니?"

대체 무슨 말인지. 앞뒤 말은 다 잘라먹고 다짜고짜 내가 아니냐니. 내가 뭐가 아니야? 무슨 말을 하는 건가 잠깐 생각하고 있는데 보형이가 내 앞으로 다가왔다.

"나는 민동이 네가 의심스러운데."

보형이가 한쪽 입꼬리를 올리며 말했다. 나는 의심스럽다는 말에 영문도 모르고 긴장했다. 내가 왜? 내가 뭘 했는데?

"좀 전에 네가 교실에서 뛰쳐나갈 때 주머니에서 떨어진 것 같아. 네가 쓴 거지?"

보형이가 내 턱밑으로 종이를 들이밀었다. 보형이가 내민 종이에는 워드로 곱게 쳐 내려간 글씨가 가득 차 있었다. 나는 무심코 몇 줄을 한꺼번에 읽었다. 그 순간 띠잉! 머리에 감전되는 듯한 충격을 받았다. 소라를 좋아한다고 고백하는 편지였다.

"아니거든."

나는 깜짝 놀라 종이를 밀쳐 냈다.

"아니라고?"

보형이가 의심이 가득 찬 눈으로 나를 아래위로 훑어봤다.

"그래, 내가 쓴 게 아니야."

소리를 빽 지르는데 엉덩이 부분에 힘이 풀리는 느낌이 들며 뭔가 찔끔 나오는 거 같았다. 맙소사! 혹시 설사? 아, 내가 진짜 못 산다. 나는 어기적거리며 다시 화장실로 갔다. 확인해 보니,

다행스럽게도 설사가 나온 것은 아니었다.

'대체 누가 저렇게 촌스럽고 유치한 짓을 한 거야. 좋아한다고 고백할 거면 문자나 카톡으로 하면 되지. 스마트폰은 뒀다가 삶아 먹을 거야?'

나는 화장실에 앉아 마음속으로 생각했다. 좀 전에 그 말을 못했던 게 후회가 되었다. 나는 심호흡을 하며 배를 가라앉히고 교실로 돌아왔다.

"그만 좀 하라고."

교실로 돌아오니 소라가 소리를 지르고 있었다.

"소라 너는 이 편지를 쓴 아이가 누군지 혹시 알아?"

보형이는 소라가 화를 내거나 말거나 물었다.

"내가 그걸 어떻게 알아? 유치한 짓을 한 아이가 누군지 알고 싶지 않아. 보나 마나 장난친 걸 거야. 진짜 좋아한다고 말할 거면 휴대폰 두고 그런 행동을 했겠니? 사 학년이나 되어 가지고 하는 짓은 유치원생들이야. 그런 장난을 하고 싶어?"

소라는 한심하다는 듯 고개를 절레절레 저었다.

"소라 말대로 누가 심심하니까 장난친 걸 거야. 그만하자."

민두가 소라 편을 들었다.

"어? 너 왜 갑자기 소라 편을 들어? 너도 의심스러운데?"

보형이가 눈을 갸름하게 뜨고 민두를 바라봤다.

"자꾸 누가 썼는지 알아내려고 하는 걸 보니 보형이 너도 소라를 좋아하는가 보네? 나는 네가 의심스러워."

민두가 보형이를 쏘아보며 말했다. 그러자 보형이 얼굴이 새빨개졌다. 둘은 성난 닭들처럼 금방이라도 서로 달려들 거 같았다.

"너희 뭐 하는 거야?"

소라가 자리를 박차고 일어났다.

"그래, 너희들 지금 뭐 하는 거니?"

순간 선생님 목소리가 교실에 울렸다. 모두 깜짝 놀라 교실 앞을 바라봤다. 떠드느라고 수업 시작을 알리는 종이 울린 것도 모르고 있었다.

"소라야. 왜 그렇게 화가 났지?"

선생님이 물었다. 소라는 대답 대신에 보형이와 민두를 쏘아봤다.

"민동아. 무슨 일인지 말해 보렴."

갑자기 선생님이 내 이름을 불렀다. 아니, 많고 많은 아이들 중에 왜 하필이면 나에게 물어본담. 선생님이 어서 말해 보라는 듯 턱을 한 번 추켜올렸다.

"소라에게 편지를…… 좋아한다고…… 민두가."

엉거주춤 서서 겨우겨우 말을 하는데 민두가 나를 쏘아봤다.

아차, 이게 아니지.

"……보형이가."

이번에는 보형이가 눈에 불을 켜고 쏘아봤다. 이 말도 아닌데 왜 말이 제멋대로 나오고 난리람. 나는 얼굴이 벌게져서 입을 다물었다.

"그러니까 누가 소라에게 좋아한다는 편지를 썼다는 말이구나. 그 편지 때문에 민두와 보형이가 서로 의심을 하고 있고."

그렇지요, 그래요. 바로 그거예요. 선생님은 그야말로 신통방통했다. 뒤죽박죽 엉망인 말을 찰떡 같이 알아들으니 말이다.

"그 편지가 어디서 발견되었지?"

선생님이 보형이에게 물었다.

"사물함 앞에 떨어져 있었어요. 처음에는 민동이가 흘린 건 줄 알았는데 확인해 보니 아니었어요. 민동이는 지금 입은 셔츠나 바지에 주머니가 없거든요. 누군가 사물함에 넣으려다가 흘린 거 같아요. 아마 소라 사물함에 넣으려고 했겠지요."

보형이가 말했다. 나는 보형이 말에 얼른 내 셔츠와 바지를 봤다. 정말 주머니가 없었다.

"누굴까? 친구를 좋아하는 게 뭐 창피한 일이라고 비밀로 해? 나 같으면 당당하게 고백할 텐데.”

선생님이 교실을 둘러보며 말했다.

“에이. 그건 아니지요.”

아이들이 약속이라도 한 듯 입을 모아 말했다.

“왜? 하고 싶은 말을 당당하게 말하는 게 얼마나 멋진 일인데. 그렇지 않아도 우리 학교에서 다음 달에 '발표의 날'을 정했어. 자기 자랑 발표하기. 일등을 하면 상품도 줘. 우리 반에서 일등이 나왔으면 좋겠다.”

“자기 자랑을 하라고요? 그걸 어떻게 해요? 잘난 척한다는 소리를 들으면 어쩌라고요?”

“자기의 좋은 점을 알리는 건 흉이 아니야. 선생님은 우리 반이 좀 특이한 자랑을 했으면 좋겠다. 글쓰기를 잘한다, 그림을 잘 그린다, 노래를 잘한다, 춤을 잘 춘다, 이런 거는 흔하고 재미없잖아. 뭐가 특이할까?”

선생님이 손가락으로 턱을 살살 문지르며 아이들을 둘러봤다. 그냥 다른 반처럼 하면 되지 또 무슨 생각을 하려고……. 걱정을 하고 있는데 선생님이 손뼉을 딱 쳤다.

“그래, 그게 좋겠다. 자기가 좋아하는 사람이 앞에 있다고 생각해 보는 거야. 그리고 그 사람에게 자기가 얼마나 좋은 사람인지 자랑을 하는 거지. 음, 결혼하고 싶은 사람이 앞에 있다고 생각하고, 나와 결혼하면 좋은 점을 말하면 더 좋을 것도 같고."

맙소사! 우리 선생님 진짜 특이하다.

"초등학교 사 학년이 그런 거 해도 돼요?"

"사 학년이 아니라 초등학교 일 학년이라도 누군가 좋아하는 마음을 가질 수 있어. 선생님도 유치원 때 같은 반이었던 새롬이란 아이를 보는 순간 나중에 결혼하면 좋겠다는 생각을 했거든."

선생님은 아주 신나는 표정이었다. 아이들은 서로 눈치를 봤다. 진짜 그런 걸 해도 되는 건가? 의아한 표정들이었다. 선생님이 그 말을 하는 바람에 편지 얘기는 쑥 들어갔다.

그런 발표 대회가 어디 있어요?

 처음에는 그런 발표를 어떻게 하냐고 한 아이들이었다. 그런데 시간이 지나자 다들 재미있겠다며 즐거워했다. 연습도 무지하게 하는 눈치였다. 하긴 선생님 말도 틀린 건 아니었다. 자기가 좋아하는 아이 앞에서 당당하게 '나는 네가 좋아, 내 장점을 말할 테니 들어봐 줘' 이렇게 말하면 멋지기는 할 것 같다. 그걸 할 자신이 없으니 문제지.

 발표하는 날을 상상하면 걱정이 되어 밥맛도 없고 잠도 안 왔다. 그러느라 발표할 거리를 찾을 정신도 없었다. 발표도 제대로 못해서 망신이나 당하는데 자랑은 무슨 자랑. 자랑한다고 들어나 주겠어?

'괜히 이사는 와서.'

또 엄마가 원망스러웠다. 엄마 친구도 원망스러웠다. 하지만 원망해 봤자 소용없는 일이었다.

"우리 강민동 얼굴이 어째 점점 시든 오이처럼 쪼그라드나? 얼굴색도 영 안 좋고. 어디 아픈 거냐?"

할머니가 걱정스럽게 물어볼 정도로 나는 걱정에 눌려 숨도 제대로 쉴 수가 없었다. 가만 생각해 보니 이게 다 할머니 탓인 거 같았다.

"이게 다 할머니 때문이에요."

"뭐가 나 때문이야?"

"할머니가 아빠를 그렇게 낳았으니까 저도 아빠를 꼭 빼닮았잖아요. 그러니까 할머니가 책임지라고요."

말을 하다 보니 진짜 할머니가 책임져야 할 것 같다.

"참, 나 원, 뭘 책임지라는 건지. 솔직히 너희 아빠를 닮으면 좋은 거지. 세상에 완벽한 사람이 어디 있어? 네 아빠는 장점이 아주 많아. 아빠가 얼마나 다정한데, 너희 엄마 생일이면 잊지 않고 꽃에 선물에 꼭꼭 사다 바치지, 일요일이면 집안 청소에 빨래까지 도와주지, 가족들이랑 여행 자주 가지, 너 데리고 자전거 같이 타지, 등산 함께 가지, 돈도 많이 벌어다 주지. 이 정도면 동네방네 자랑하고 다녀도 모자랄 판인데 뭘 책임져? 나는 내 아들이 자랑스럽기만 한데. 아, 또 있다. 예전에 살던 동네에서 노인네들 사이에 효자라고 소문났었지. 한 달에 두어 번 노인정에 떡이며 과일도 보내고……. 민동이 너는 아빠 닮은 거를 고맙게 생각해야 해. 아마 결혼할 때가 되면 너랑 결혼하고 싶다고 줄을 쫙 설 거다."

할머니 말이 틀린 말은 아니다. 아빠는 할머니가 말한 대로 다정하다. 그리고 효자다. 하지만……

"남 앞에서 말을 잘 못하잖아요. 할머니도 그게 답답하다고 하셨잖아요."

"그야 그렇지만. 나도 보너스 날린 생각을 하면 속이 터지긴 하지. 그래도 좋은 점이 많으니 그건 인정해야지."

생각해 보니 나도 아빠의 다정한 면을 닮긴 닮았다. 저번에 다니던 학교에서 여자아이들에게 꽤 인기가 많았던 것도 바로 그런 점 때문이었다. 자랑거리라고 생각하면 아주 큰 자랑거리었다.

"왜, 민동이 너도 학교에서 발표하는 것 때문에 그러는 거니? 이 할미가 발표하는 거 가르쳐 줄까?"

"할머니는 선생님도 아니면서 뭘요."

나는 시큰둥하게 말했다.

"꼭 선생님이어야 가르치냐? 잘하는 사람이면 선생님이 아니더라도 가르칠 수 있고 또 사람에게 배울 수 없는 건 책에서 배울 수도 있는 거지."

그때 벼락 치듯 떠오르는 생각이 있었다. 소라네 만화 카페에서 본 마법의 책 말이다. 혹시 그 책에 좋은 방법이 나와 있지 않을까? 그럴 수도 있다. 마법은 불가능한 것을 가능하게 만드니까. 괜히 마법의 책이겠어? 나는 자리를 박차고 일어났다.

"이야기하다 말고 어디 가?"

"책이요, 읽을 책이 있거든요."

나는 빛의 속도로 달려 큰길까지 나왔다. 멀리 만화 카페 건물이 보이자 뛰는 걸 멈췄다. 소라가 있으면 어떻게 하지? 왜 왔느냐고 물어보면? 마법의 책을 보러 왔다고 사실대로 말하면 믿어 줄까?

자랑 대회에서 상을 받고 싶어서 그런다고 생각할 수도 있다. 네가 무슨 상을 받냐며 평소에 발표나 잘하라고 비웃을 수도 있다. 설레고 떨리고 꿈틀거리던 자신감이 뚝 떨어졌다. 하지만 그냥 돌아가고 싶지는 않았다.

느릿느릿 걸었다. 건물 앞에 섰는데 도저히 들어갈 자신이 없었다. 들어갈까 말까 망설이고 있는데 저만치서 눈에 익은 뒤통수가 보였다. 동글동글하니 말도 지독하게 안 듣게 생긴 뒤통수. 저 뒤통수를 어디서 봤더라? 누구더라? 이러고 있는데 뒤통수가 휙 돌아봤다. 민두였다.

나보다 민두가 더 놀란 눈치였다. 눈을 동그랗게 뜬 민두가 성큼성큼 내 옆으로 걸어왔다.

"너는 여기에 무슨 일이야?"

민두가 물었다. 얼굴이 벌게진 걸 보니 당황한 모양이었다.

"그러는 너는 여기에 무슨 일인데? 만화책 보러?"

"무슨, 내가 뭐 매일 만화책만 보는 줄 알아?"

별로 팔짝 뛸 일도 아닌데 민두가 개구리처럼 뛰어 댔다. 만화책을 보러 온 게 아니면 소라를 보러 왔나? 나는 묻고 싶은 걸 간신히 참았다.

"지나가는 길이었지. 너도 지나가는 길?"

민두가 벌게진 얼굴을 벅벅 문지르며 말했다. 지나가는 길이면 길이지 왜 얼굴은 벌게져서 난리람.

"아니, 나는 책 보러 가."

"무슨 책? 너 만화책 별로 좋아하지 않는 것 같던데? 솔직히 말하시지. 소라 보려고 가냐?"

"아니거든. 말 잘하게 도와주는 마법의 책을 보러 가는 거거든."

나도 팔짝 뛰었다.

"오호, 그런 책도 있냐? 야, 말하는 거라면 내가 도와줄게. 그래도 왔으니까 일단 들어가 보자. 그 책에서는 어떻게 알려 주는지 나도 궁금하네."

민두가 내 어깨에 손을 척 올렸다. 어디서 거짓말을. 민두는 지나가던 길이 아니었다. 만화 카페에 가려고 온 게 분명했다. 하지만 편지 사건도 있고 해서 차마 들어가지 못하고 있었던 것이다.

"소라는 가게에 오지 않을 때가 더 많아. 오늘은 와 있는지 모르겠다."

민두가 말했다.

그런데 소라가 만화 카페에 있었다. 자기 아빠랑 이야기를 하던 소라가 문을 열고 들어서는 나와 민두를 시큰둥한 표정으로 바라봤다. 활짝 웃으며 반겨 주던 저번과는 달라도 한참 달랐다.

"민동이가 볼 책이 있다고 해서 왔어. 말을 잘하게 해주는 마법의 책. 맞지, 민동아."

소라는 아무 말도 안 하는데 민두가 공연히 내 어깨를 툭툭 치며 말했다.

"어서 가서 찾아보자."

민두는 여전히 시큰둥한 소라 눈치를 보며 내 등을 밀었다.

내가 마법의 책을 찾아내자 민두는 굳이 나를 데리고 소라가 있는 곳으로 갔다.

"어디 보자. 이 책 그림이 되게 재미있다. 입 풀기라는 말도 재미있어. 그런데 재밌기는 한데 이런 식으로 해서 언제 발표도 잘하고 말도 잘하게 돼?"

민두는 책을 휘리릭 넘겨보며 시시하다는 투로 말했다.

"실전이 더 중요한 거야. 내가 삼 학년 때 토론 대회에서 일등한 거는 알고 있지? 토론 대회를 준비할 때 어떻게 했는 줄 알아? 가르쳐 줄까? 이 책을 보는 것보다 내 말을 듣는 게 더 도움이 될 거야."

민두가 소라 앞에서 보란 듯이 자랑을 늘어놓기 시작했다.

"이 책은 박사님이 쓴 거거든. 네가 뭘 안다고 난리야?"

나는 민두가 잘난 척하는 꼴이 아니꼬워 중간에 말을 싹뚝 잘라 버리며 끼어들었다. 아무려면 책을 쓴 박사님이 민두보다 못할까.

"실전이 중요하다니까. 실전은 나도 박사야. 그러니까 내가 토론 대회……."

"네가 박사라고? 흥."

나는 다시 민두 말을 자르며 코웃음을 쳤다.

"내가 아는 걸 가르쳐 주겠다고 하는데 왜 그래? 왜 자꾸 말을 자르느냐고? 끝까지 들어 봐야 할 거 아니야?"

민두가 얼굴이 벌게지며 화를 냈다. 끝까지 들어 보나 마나 잘난 척이니까 그렇지.

"그래, 남의 말을 중간에 자르는 건 나쁜 행동이야. 그리고 뭘 아느냐고 말한 거는 민동이 네가 잘못한 거야. 그건 상대방을 무시하는 말투거든."

여태 가만히 있던 소라가 민두 편을 들었다.

"남이 말할 때 중간에 끊지 말고 끝까지 잘 들어 주어야지. 상대방의 말을 잘 들어 주는 것은 상대를 배려하고 존중하는 거야. 그렇게 해야 대화를 이어 갈 수 있어. 그것도 말을 잘하는 방법 중에 하나야."

소라는 진지하게 말했다. 그러자 민두가 옆에서 고개를 크게 끄덕였다.

소라가 민두 편을 들자 갑자기 기분이 나빠졌다. 나는 마법의 책을 내던지고 만화 카페에서 나와 버렸다.

"도움을 주는 말을 하는데 왜 삐치고 난리람. 밴댕이처럼 속이 좁아가지고는."

민두가 내 뒤통수에 대고 크게 말했다.

아침부터 교실에 이상한 소문이 퍼졌다. 나와 민두 둘 중에 하나가 편지를 쓴 주인공이라고 말이다. 나와 민두가 소라네 만화 카페에 뻔질나게 드나드는 걸 봤다는 소문도 함께 돌았다. 뻔질나게라니! 엄청나게 억울했다. 민두는 뻔질나게 갔을 수도 있지만 나는 딱 두 번 갔을 뿐이다.

"책 보러도 못 가냐? 나는 만화책을 좋아해서 갔을 뿐이야. 내가 만화책을 좋아하는 거, 아는 아이들 많아."

민두는 자신이 만화책 좋아하는 거를 알고 있는 증인들을 찾았다. 증인 세 명이 나왔다. 증인 세 명은 민두가 유치원 다닐 때부터 만화에 푹 빠졌고 삼 학년 때부터는 이미 만화를 그릴 줄도 안다고 증언했다.

"야, 만화 카페가 소라네 만화 카페만 있는 게 아니잖아. 큰 사거리에 만화 카페가 몇 개나 있어. 그런데 왜 꼭 짚어서 거기에 갔어?"

증인이 나타나도 보형이는 절대 그냥 넘어가지 않았다. 보형이가 왜 편지에 대해 저렇게 관심이 많고 편지를 쓴 사람을 알아내려고 하는지 모르겠다. 민두 말대로 보형이도 소라를 좋아하고 있는 게 확실했다. 그러고 보니 소라를 좋아하는 아이가 한둘이 아닌 거 같았다. 하긴 소라 정도면 그러고도 남는다.

"그건 같은 반이니까. 같은 반 친구 가게에 가는 게 당연한 거 아니니?"

민두가 말했다.

"물론 그럴 수도 있어. 하지만 편지 사건으로 민두 너는 의심을 받았어. 내가 너라면 의심을 받은 상태에서 소라네 가게에는 가지 않았을 거 같아."

보형이는 마치 탐정이 된 것처럼 눈을 갸름하니 뜨고 손가락으로 턱을 살살 문질렀다. 그 모습에 민두가 발끈해서 일어났다. 민두는 성큼성큼 교실 앞으로 나갔다.

"나는 내가 좋아한다면 당당하게 말할 거야. 말하기가 약간 쑥스럽다면 문자를 보낼 거고. 촌스럽게 편지를 써서 사물함에 집어넣으려고 하는 생쥐 같은 짓은 하지 않는다고. 나는 성격이 생쥐와는 거리가 멀어. 내 성격을 동물과 비유하자면 코뿔소와 비슷하다고 볼 수 있지."

민두는 생쥐와 코뿔소라는 말에 유독 힘을 주었다.

"저 정도로 말하는 걸 보니 민두는 아닌 거 같아."

누군가 중얼거렸다.

"맞아. 민두의 성격으로 봐서 좋아하면 좋아한다고 고백하고 커플이 되자고 말했을 거야."

또 누군가 말했다.

"그런데 선생님 말씀처럼 좋아한다는 편지를 쓴 거는 잘못이 아니잖아. 그런데 생쥐라고 말하는 건 좀 너무한 거 아니냐?"

이번에는 교실 뒤쪽에서 누군가 말했다.

"편지를 쓴 걸 가지고 생쥐 같다고 한 게 아니잖아. 행동이 생쥐 같다는 거지."

"맞아."

"그럼 누구지?"

"혹시 민동이?"

누군가의 목소리에 아이들 눈이 한꺼번에 나에게 쏠렸다. 왜 걸핏하면 나를 끌어들이는지 모르겠다. 나는 만화 카페에 딱 두 번 갔을 뿐이라고 말하고 싶었다. 하지만 목을 기어 나온 말은 입안에서만 우물거릴 뿐 밖으로 나오지 못했다.

"편지 얘기 좀 그만해. 아, 짜증 나."

소라가 소리쳤다.

"궁금한 거는 밝혀야지. 민두는 자기가 할 말을 했는데 민동이 너는 할 말 없어? 너도 네가 아니면 아니라고 증거를 대든 증인을 대든 해 봐."

보형이가 내 등을 톡톡 쳤다. 그러자 아이들은 '민동이 너도 한마디 해라, 그래야 우리가 판결을 내릴 거 아니냐, 어서 나가라.' 이러고 내 등을 떠밀었다. 판결은 또 무슨 판결. 그런 말을 들으니 내가 꼭 어떤 사건의 범인이 된 것 같았다. 내가 소라를 좋아하기는 하지만, 하지도 않은 일을 했다고 뒤집어쓰는 건 진짜 억울하다.

　나는 아이들에게 등 떠밀려 교실 앞으로 나왔다. 레이저 광선처럼 번득이는 눈빛들이 내 얼굴에 쏟아지자 고개를 들 수가 없었다. 심장은 쿵쾅쿵쾅 정신없이 뛰었다. 나는 심호흡을 한 다음 겨우 마음을 진정시키고 얼굴을 들었다. 지금 무슨 말이든지 하지 않으면 그야말로 큰일이다. 편지를 쓰지 않고도 쓴 사람이 되게 생겼다. 빼도 박도 못하고 생쥐가 될 위기에 처한 것이다.

　"나는 편지를 쓰지 않았어."

　나는 겨우 말했다. 목소리가 떨렸다.

　"당연히 썼다고 말하지는 않겠지."

　그때 톡 나서서 말한 아이는 민두였다. 이제 자기는 의심에서 완벽하게 벗어났다고 생각한 모양이다.

"진짜 안 썼어."

목소리가 좀 전보다 더 떨렸다. 보형이가 실실 웃었다.

"증인을 내세우든가 증거를 대 봐."

보형이가 말했다.

전학 온 지 이제 며칠밖에 되지 않았는데 무슨 증인. 왜 이런 일을 당해야 하는지 억울하고 분했다.

"편지를 썼으면 썼다고 솔직히 말하든가."

보형이가 한마디 더 했다. 순간 머리에 뜨거운 김이 올라오는 것처럼 후끈해졌다.

"솔직하게 말하고 있는데 뭘 또 솔직하게 말하라는 거야? 나는 아니라고. 내가 왜 소라 같은 애한테 편지를 써?"

나도 모르게 소리를 꽥 질렀다. 그러다 스스로 놀라 손으로 입을 막았을 때는 이미 늦었다. 소라 얼굴이 벌겋게 변했다. 벌겋게 변한 얼굴은 차차 새파래졌다. 나는 당황해서 어찌할 바를 몰랐다.

나는 소라 눈치를 보며 자리로 돌아왔다.

숨죽여 자리에 앉는데 소라에게서 찬바람이 쌩쌩 불었다. 나는 조심스럽게 의자를 빼서 최대한 소라와 떨어져 앉았다. 연필을 꽉 잡은 채 이를 악물고 앉아 있던 소라가 갑자기 자리를 박차고 일어났다. 그러더니 저벅저벅 발걸음도 우렁차게 앞으로 나갔다.

"그 편지 얘기는 이제 그만했으면 좋겠어. 특히 보형이 너, 제발 그만해. 자존심 상해."

소라는 보형이를 똑바로 바라봤다. 순간 교실은 쥐죽은 듯 조용했다.

"누가 너를 좋아하는 건데 왜 자존심 상해? 너를 좋아해 준다는 거는 기분 좋은 일이잖아?"

보형이가 다리 한 짝을 책상에 걸치고 건들거리며 말했다. 그러자 소라가 당차게 말했다.

"누가 나를 좋아한다는 건 자존심 상하는 일이 아니야. 나는 할 말은 정확하게 말하는 성격이니까 말할게."

소라가 잠깐 말을 멈추고 숨을 가다듬었다.

"나는 편지 쓴 거를 장난으로 생각했어. 지금도 그 생각은 변함없어. 하지만 장난이 아니더라도 나는 그런 성격의 아이는 별로야. 좋으면 좋다, 싫으면 싫다, 확실하게 자신의 의견을 말하는 아이가 좋아. 나는 자신감 없는 행동으로 아무 잘못도 없는 나를 자존심 상하게 하고 기분 나쁘게 만든 그 아이가 싫어. 그러니까 편지 이야기는 그만했으면 좋겠어. 편지를 쓴 사람이 누군지 궁금하지도 않아."

소라는 어쩌면 저렇게 자기 의견을 야무지고 똑 부러지게 말도 잘할까.

"그리고 너."

소라가 오른손 집게손가락을 쫙 펴더니 나를 가리켰다.

"너, 나에 대해 잘 알아?"

소라가 물었다. 나는 당황했다.

"내 짝꿍이긴 하지만 전학 온 지 며칠 되지 않는데 나에 대해서 잘 아느냐고?"

소라가 다시 물었다. 나는 긴장해서 침을 꼴깍 삼켰다.

"네가 나에 대해서 뭘 얼마나 안다고 그런 말을 해? 진짜 자존심 상해."

소라 눈빛이 얼마나 강한지 나는 차마 소라 눈을 마주 볼 수 없었다.

"나에 대해 아는 게 있으면 빨리 말해 봐. 왜 그런 말을 했는지 말해 보라고."

소라가 따지고 드는데 등골이 서늘해질 정도였다.

"일어나서 말해."

민두가 등을 찔렀다. 나는 엉겁결에 일어났다. 하지만 한마디도 할 수 없었다. 소라는 내 얼굴에 구멍이 날 정도로 쏘아보더니 자리로 돌아왔다.

나는 수업이 끝날 때까지 소라 쪽은 쳐다보지도 못했다. 소라가 움직이는 소리와 숨 쉬는 소리만 들어도 어깨가 움찔거렸다.

솔직히 나라도 그런 말을 들었다면 자존심 상했을 거다. 하지만 미안하다고 말을 해야 하는데 그 말을 할 수가 없었다.

내일부터 학교에 어떻게 가나 걱정이 산더미처럼 쌓였다. 소라와 마주치는 상상만 해도 눈앞이 캄캄해졌다. 그날 설사를 하지 않았다면 보형이에게 의심을 받지 않았을 테고 그랬다면 이런 일도 없었을 텐데. 삼계탕을 해 준 엄마도 원망스러웠고 삼계탕이 먹고 싶다고 한 할머니도 원망스러웠다.

"아이고야, 기분 좋다."

침대에 엎어져 한숨을 푹푹 내쉬고 있을 때 현관문을 여닫는 소리가 들리더니 할머니 목소리가 들렸다. 무슨 좋은 일이라도 있는 모양이었다.

"민동아. 민동이 왔니?"

할머니가 방문을 벌컥 열었다. 나는 이불을 뒤집어썼다.

"대낮에 자는 거냐? 이것 좀 봐라."

할머니가 이불을 걷어 젖혔다. 나는 실눈을 떴다. 할머니가 밥솥을 품에 안고 몸을 이리저리 흔들었다.

"이게 마트에 가서 사면 얼마나 하는 줄 아냐?"

그러더니 뜬금없이 밥솥 값을 물었다. 공책 값도 아니고 물감 값도 아니고 내가 밥솥 값을 어떻게 안담.

"새로 샀어요?"

밥솥은 박스에 들어 있지는 않아도 반들반들 광이 나는 게 새것 같았다.

"모르긴 몰라도 이삼십만 원은 넘을 거다. 그치?"

할머니는 대답 대신 밥솥을 쓰다듬으며 물었다.

"밥솥 값이 그렇게 비싸요? 밥만 하는 건데 뭐 그리 비싸요?"

"오십만 원도 넘는 밥솥도 있어. 이 밥솥은 내가 공짜로 받아 왔다."

할머니가 자랑스럽게 말했다. 그때 머리를 세차게 때리고 지나가는 기억이 있었다. 나는 자리를 박차고 일어났다.

"할머니. 혹시 밥솥을 공짜로 준다고 하니까 전기장판 뭐 이런 거 산 거예요?"

그렇다면 이건 큰 사건이다. 저번에도 할머니는 청소기를 공짜로 준다는 말에 홀딱 넘어가 백만 원이 훨씬 넘는 전기장판을 사왔었다. 세상에서 최고로 좋은 전기장판이라고 해서 사왔는데 알고 보니 브랜드도 없고 안전도 보장할 수 없어 위험한 전기장판이었다. 엄마는 위험을 안고 쓰는 것보다 버리는 것이 마음 편하다고 했다. 전기장판은 쓰레기통에 버리지도 못하고 돈을 주고 버렸다. 그 일로 할머니는 화병까지 생겼다. 그런데 또 속다니.

"너는 다 잊고 있던 그 일을 또 들춰내냐? 아이고 그 생각을 하니 또 속이 부글부글 끓네. 그게 아니고 민두 할머니를 따라간 노인정에서 오늘 전체 노인들 모임이 있었지. 나보고 자기소개를 하라고 하기에 내친김에 멋들어지게 노래까지 불렀지. 말도 마라, 앙코르를 네 번이나 받았다니까. 그러고 나니 멋진 신입 회원이 들어왔다고 지난번 노래자랑 상품으로 주고 남은 밥솥을 주더라고. 그저 남 앞에서 뭐든 잘하면 자다가도 떡이 생기는 법이야."

할머니는 춤추듯이 몸을 흔들며 방에서 나갔다.

거실로 나간 할머니는 휴대폰을 꺼내 들고 여기저기 전화를 하며 밥솥을 받은 사연을 자랑하기 시작했다.

"아이고 그럼, 그럼. 내가 원래 남 앞에 나서서 뭘 하는 데는 타고난 소질이 있지. 내가 시켜만 주면 대통령인들 못하겠나."

할머니 목소리가 집안에 쩌렁쩌렁 울렸다. 할머니는 자랑을 하며 가끔씩 아빠 얘기도 했다. 보너스를 놓친 사연 말이다. 그러면서 아빠가 할아버지를 닮아 남 앞에 서는 것을 자신 없어 한다고 했다. 옛날에 할아버지와 할머니가 만나 사귈 때도 할머니가 먼저 결혼하자는 말을 했다고 한다. 아무리 기다려도 할아버지가 결혼하자는 말을 하지 않아서 말이다.

"우리 영감은 나한테 결혼하자는 말을 했다가 내가 싫다고 할까 봐 걱정이 되어 말을 못했다고 하더군. 말을 하기 전에 너무 걱정이 많아서 탈이지. 실수하면 어쩌나, 상대편이 싫어하면 어쩌지, 이런 걱정 말이야. 그러니 자신이 없어져서 말을 못하는 거지. 우리 시아버지도 말이야."

할머니는 할아버지 이야기를 하다가 증조할아버지 얘기도 꺼

냈다.

 그때 엄마에게 문자가 왔다. 오늘부터 다니게 된 학원에 잊지 말고 가라는 문자였다. 깜박 잊고 있었다.

 오늘부터 다닐 학원은 하필이면 소라네 만화 카페와 가까운 곳이었다. 설마 가는 길에 소라를 만나는 일은 없겠지? 학원에 가는 건데 누군가 보고 소라네 만화 카페에 간다고 오해하지는 않겠지? 여러 가지 걱정이 머리를 스치고 지나갔다. 아무래도 조심하는 게 좋을 것 같았다.

 앞뒤, 좌우를 힐끔거리며 걸었다. 횡단보도 앞에 서서 신호가 바뀌기를 기다리고 있을 때였다. 어두운 그림자 하나가 나를 덮치는 기분이 드는 찰나 소라가 옆에 나타났다. 소라 얼굴을 보는 순간 간이 떨어지는 것 같았다.

"설마 우리 가게에 가는 거는 아니지?"

 소라가 물었다. 무슨 그런 말씀을 다 하시나?

"학원."

 나는 짧게 말했다.

"너는 나에 대해 대체 어떻게 생각하는 거야? 어떻게 생각하기에 아이들 앞에서 그런 말을 하느냐고?"

소라가 또 따져 물었다. 그냥 그 사건은 잊어 주면 좋겠는데 이제 보니 소라도 고래힘줄처럼 질긴 구석이 있다.

"너 왜 그래? 잘 알지도 못하면서 그런 말을 했으면 나한테 사과해야 하는 거 아니니? 내가 이렇게 화를 내면 사과라도 해야 맞는 거 아니냐고."

그러게, 나도 그렇게 생각하긴 하지. 그런데 너무 미안해서인지, 아니면 내가 소라를 좋아해서인지 도무지 입이 찹쌀떡처럼 달라붙어 떨어지지 않으니 문제지.

그때 신호등이 바뀌었다.

"진짜 자존심 상해. 너 앞으로는 나 아는 척도 하지 마. 나도 너 같은 아이는 별로야."

소라가 눈을 흘기며 쌩하니 앞서갔다.

나는 신호가 바뀔 때까지 그 자리에 서 있었다. '나도 너 같은 아이는 별로야' 소라의 말이 계속 귓전에 맴돌았다. 벌레 수백 마리가 한꺼번에 윙윙윙 날갯짓하는 것 같았다. 나는 한참 동안 멍하니 서 있다가 정신을 차렸다.

"진짜 왜 이래? 미안하다고 말하면 되지. 그걸 왜 말 못하느냐고."

나는 내 입을 꼬집었다. 내가 생각해도 자신이 답답했다. 집에서 말하는 식으로 하면 미안하다는 말은 골백번도 넘게 했겠다. 그나저나 무지하게 슬프다. 첫눈에 반한 소라가 이제부터 아는 척도 하지 말라니. 나 같은 아이는 별로라니. 가슴에서 쏴아! 파도 소리가 들리며 콧날이 시큰해졌다.

학원을 마치고 집으로 돌아오는 길이었다. 놀이터 옆을 지나가는데 벤치에 앉아 있는 사람의 뒷모습이 낯익었다. 어둑어둑해서 잘 보이지 않았지만 확실했다. 나는 놀이터로 다가갔다.

벤치에 앉아 하늘을 바라보고 있는 사람은 아빠였다.

"아빠 왜 여기 계세요?"

"어? 민동아."

나를 본 아빠는 깜짝 놀라며 자리를 고쳐 앉았다.

"왜 집에 안 들어가세요?"

나는 아빠 옆에 앉았다.

"그런데 민동이 너는 무슨 일이 있니? 기분이 안 좋아 보이는구나."

아빠가 물었다. 아까 소라에게 그 말을 듣고 나서 계속 기분이 좋지 않다.

"아빠도 기분이 안 좋아 보이세요."

"기분이 안 좋은 거는 아니고. 민동이 너도 할머니가 밥솥 받은 거 알고 있니? 자기소개를 잘하고 노래도 잘 부르셔서 비싼 밥솥을 공짜로 받으셨다고 하더라. 아까 할머니가 전화하셔서 얼마나 자랑을 하시는지. 하하하하하."

아빠가 목을 젖히고 웃었다. 하지만 웃음소리만 낼 뿐 얼굴은 전혀 웃고 있지 않았다.

나는 그제야 아빠가 왜 집에 들어가지 않고 여기에 앉아 있는지 알 수 있을 거 같았다. 보나 마나 엄마가 보너스 얘기를 또 할 테니까. 할머니는 밥솥도 공짜로 받아 오는데 왜 아빠는 다 잡은 보너스를 날렸느냐고 따질 테니까.

"그나저나 걱정이다. 며칠 뒤에 또 회사에서 발표할 일이 있거든. 사실 그 발표에도 보너스가 걸려 있어. 엄마한테 비밀로 하고 싶은데 엄마 친구 때문에 비밀로 할 수도 없고 말이다."

아빠 얼굴에 걱정이 가득 차 있었다.

"저도 걱정이에요. 며칠 뒤에 발표 대회가 있거든요. 그런데 우리 선생님이 되게 특이해서 이상한 발표를 해야 해요."

"이상한 발표?"

아빠가 물었다. 나는 자기 자랑에 대해 아빠에게 말했다.

"허어, 진짜 특이한 선생님이군. 그런 자랑을 낯 뜨거워서 어떻게 해?"

"그렇죠? 그런데 말이에요. 아이들은 그렇게 생각하지 않는 것 같아요. 아주 열심히 자신의 자랑거리를 찾고 있는 것 같아요. 저만 찌그러진 깡통처럼 이러고 있어요."

찌그러진 깡통! 지금 나에게 딱 어울리는 말이었다. 전학 와서 단 한 번도 어깨를 쫙 펴고 지내 본 적이 없었다. 만약 며칠 뒤에 있을 발표에서도 또 꽉 다문 입을 떼지 못한다면 영영 찌그러진 깡통으로 살아야 할 것 같았다. 그건 진짜 끔찍한 일이다.

"민동이 너는 집에서는 말을 잘하잖아?"

"아빠도 그렇잖아요? 할머니가 저는 아빠를 닮고 아빠는 할아버지를 닮고 할아버지는 증조할아버지를 닮아서 그렇대요."

"에이, 아니야. 나는 할머니를 더 많이 닮았어. 예전에 아빠의 외할머니가 그러시는데 할머니도 아주 부끄러움을 많이 타는 성격이셨대. 남 앞에 서면 얼굴이 빨개져서 고개도 들지 못하고."

어라, 이건 처음 듣는 말이었다.

"아닌데. 할아버지한테 할머니가 먼저 결혼하자고 고백했다던데."

나는 고개를 갸웃거렸다.

"아니야. 할아버지와 할머니는 중매로 만나셨고 자연스럽게 결혼을 하게 되었어. 누가 먼저 결혼하자고 고백하는 시대가 아니었지. 그런데 참 궁금한 거는 할머니가 어떻게 지금은 남 앞에 나서서 말도 잘하시고 노래도 잘 부르시는지 알 수가 없단 말이야."

아빠가 머리를 좌우로 흔들며 다시 하늘을 바라봤다. 아빠는 한참 동안 말없이 하늘만 바라봤다. 아마 며칠 뒤에 있을 그날을 걱정하는 것 같았다.

"아빠 제가 만화 카페에서 마법의 책을 봤는데요. 말을 잘하게 만들어 주는 책이라고 했어요. 아직 끝까지 읽어 보지는 못했는데 그 책을 사서 읽어 볼까요?"

"책으로 공부해서 언제 말을 잘하게 될까? 실전에 옮기려면 시간이 오래 걸리잖니. 너와 나에게는 시간이 별로 없는데."

아빠가 고개를 절레절레 저었다.

"아, 그럼 이러면 어떨까요? 할머니에게 발표하는 방법을 가르쳐 달라고 하는 거예요. 할머니가 가르쳐 준다고 말씀하신 적도 있거든요."

"그래? 할머니가 진짜 그러셨어? 그거 참 괜찮은 생각이다. 할머니를 사부로 모시면 좋지. 나는 할머니가 엄마니까 별로 창피하지 않을 거고 너도 할머니니까 창피하지 않겠지."

"그렇게 해요. 엄마한테는 비밀로 하고요."

엄마가 알게 되면 할머니에게 방법을 전수받을 때 이것저것 참견을 할 거다. 엄마가 참견하면 복잡해질 테니 말이다.

"사부?"

할머니가 두 눈을 동그랗게 떴다.

"저와 민동이를 가르치시는 거지요. 민동이한테 말씀하셨다면서요. 어떻게 하면 남 앞에서 떨지 않고 하고 싶은 말을 똑똑하게 잘할 수 있는지 방법을 알려 주세요. 물론 공짜는 아니에요. 제가 용돈을 두둑이 드릴게요."

"뭐 못 가르칠 거야 없지만 이렇게 나오니 좀 부담이 되네. 민동이 말대로 내가 선생도 아닌데."

할머니는 고민이 되는 눈치였다.

"꼭 선생님한테만 배우는 게 아니라고 할머니가 그러셨잖아요."

"그거야 그렇지."

"어머니. 태어날 때부터 선생님이었던 사람이 어디 있겠어요? 어머니는 아주 훌륭한 선생님이 되실 수 있어요. 제발 저와 민동이의 사부가 되어 주세요."

아빠가 간곡하게 말했다. 그러면서 얼마 뒤에 회사에서 다시 발표할 기회가 있다는 말도 했다. 이번에도 보너스가 있는데 아빠가 준비한 것만 잘 발표하면 그 보너스는 백 프로 받을 수 있다고 큰소리도 쳤다. 보너스를 받으면 몽땅 할머니한테 바친다고도 했다.

"이번에 잘하면 지난번 못했던 걸 싹 만회할 수 있네. 민동이 엄마한테 큰소리 빵빵 칠 아주 좋은 기회군."

할머니가 손가락으로 턱을 살살 문질렀다.

"그렇지요, 어머니. 어머니가 도와주신다면 잘될 수 있을 것 같아요."

"에이그, 애비 너는 이럴 때 보면 말을 엄청나게 잘해. 네 말을 듣고 보니 잘할 자신이 생기지 뭐니. 이렇게 말을 잘하면서 왜 남 앞에서 서면 그러는 건지. 원. 자신감을 갖고 하면 잘할 텐데. 좋다. 내가 너와 민동이의 사부가 되어 주마. 하지만 보너스를 타면 나에게 다 주지 말고 민동이 엄마와 딱 반으로 나눠 줘라."

할머니가 허락했다. 할머니는 어차피 마음먹은 거 당장 시작하자고 했다.

저녁을 먹고 나서 할머니 방으로 갔다.

"태어날 때부터 배짱이 좋아 남 앞에서 서는 것이 아무렇지도 않은 사람도 있지. 하지만 노력해서 그리 된 사람도 많아. 멀리 볼 것도 없다. 내가 그랬으니까."

할머니는 말을 하다 멈칫했다. 그러고는 큼큼거리며 나와 아빠 눈치를 봤다. 할머니도 모르게 할머니의 비밀을 고백하고 만 것이다. 아빠와 나도 알고 있기 때문에 이미 비밀이 아닌데 말이다.

"저도 이미 알고 있거든요."

"그래? 뭐 이런 상황에서 굳이 거짓말할 필요는 없지. 그래, 솔직히 말하지. 큼큼."

할머니는 다시 한 번 목을 가다듬었다.

"나는 아주 소심하고 자신감도 없던 시골 색시였지. 결혼하고 나서 도시로 나왔는데 그때 동네에서 노래자랑이 열린다고 했지. 일등을 한 사람에게는 큰 거울을 상으로 준다고 하는데 그게 얼마나 갖고 싶던지. 사실 나는 노래를 무척 잘했거든. 하지만 하도 떨려서 많은 사람들 앞에 나가 노래를 부를 자신이 없었지. 우리 옆집에 사는 아줌마가 일등을 해서 거울을 받았는데 매일매일 거울 자랑을 하는 거야. 얼마나 자랑을 하는지 그걸 들어 주는 게 아주 힘들었지. 그래서 결심했지. 나도 연습해서 다음 노래자랑에서는 내가 상을 받아야겠다고. 동네에서는 일 년에 한 번씩 노래자랑이 있었거든. 그리고 다음 해에 일등을 먹었지."

"아이고야, 대단하세요. 그런데 어떻게 그런 결심을 하셨어요? 가르쳐 줄 사부도 없었을 텐데요."

아빠가 대단하다는 듯 엄지손가락을 추켜올렸다. 그러자 할머니 어깨가 으쓱 올라갔다.

"사부가 없어도 해내고야 말겠다고 단단히 결심한다면 문제없는 거지. 물론 나처럼 유능한 사부가 있었으면 더 좋았겠지만 말이다. 너희는 진짜 운이 좋은 거다. 암, 나 같은 능력 있는 사부를 만나는 것도 쉬운 일은 아니지."

할머니가 자랑에 열을 올렸다. 할머니의 자랑은 아주 오랫동안 계속되었다.

"자, 이제 내 얘기는 여기서 그만 끝내기로 하고 먼저 얼음처럼 굳은 입을 부드럽게 해 주는 것이 중요해. 자, 나를 따라 해 봐. 아야어여오요우유으이."

놀라웠다. 할머니가 하고 있는 것은 마법의 책에 나오는 입 풀기 체조와 같았다. 할머니가 입 풀기 체조를 하다니.

"할머니. 혹시 마법의 책이라고 읽어 보셨어요?"

나는 신기해서 물었다.

"마법? 나는 마법사도 아닌데 무슨 마법의 책? 그런 거 모른다. 쓸데없는 거 물어보지 말고 할미가 하는 말에 집중해라. 다음은 이거다."

할머니는 배에다 빵빵하게 바람을 집어넣으라고 했다. 그래야 자신감이 생긴다고 말이다.

"무슨 말을 하든 목소리는 크게 해야 해. 자신 없다고, 실수하면 어쩌나 걱정이 되어 혼자 우물우물 말하면 누가 들어 주겠어? 듣는 사람들은 딴짓을 하지."

"그거야 알지요. 실수해도 괜찮다고 저 스스로 다독여도 계속 걱정이 되니까 그게 문제지요."

아빠 말에 나는 고개를 마구 끄덕였다. 아빠와 내가 아주 똑같다.

"방법이 있지. 공연히 사부를 두는 게 아니야. 자, 지금부터 방법을 전수하여 줄 거다. 그럼 그 옛날 나를 도와주었던 물건을 소개하마."

할머니가 장롱 문을 열고 가방을 꺼냈다. 가방 안에서는 아주 오래된 녹음기가 나왔다.

"이 녹음기는 너희 아버지, 그러니까 민동이의 할아버지께서 선물로 사 주셨지. 당시 아주 비싼 돈을 주고 말이다. 따지고 보면 이 녹음기가 나의 사부라고 말할 수 있지. 나는 매일 녹음기에 대고 내 소개를 하고 노래를 불렀어. 처음에는 녹음한 내 목소리를 들으면 얼굴이 화끈하고 창피했지. 하지만 점차 괜찮아졌어. 실수를 해도 녹음한 것을 지우면 그만이니까 걱정할 일도 아니었고 말이다. 녹음기에 대고 노래를 부르고 하고 싶은 말이 있으면 종이에 써서 녹음기에 대고 연습을 했지. 그러다 보니 희한하게도 나중에는 자신감이 생겨서 남 앞에 서서 말을 해도 하나도 떨리지 않더라고. 너희도 일단 하고 싶은 말을 녹음해서 들어 봐라."

할머니는 오늘 밤에는 그것을 해 보라고 했다.

"진짜 그렇게 하면 될까요? 저는 별로 시간이 없는데요, 확실한 방법이 필요하거든요."

아빠가 의심의 눈초리를 보냈다.

"뭐든 배울 때 의심부터 하고 들면 곤란한 법이지. 의심을 하면 최선을 다할 수 없는 거다. 알았냐?"

할머니 호통에 아빠는 고개를 숙였다.

나는 내 방으로 돌아와서 일단 종이와 연필을 꺼내고 책상 앞에 앉았다.

✏️ 저는 강민동입니다. 저는 아빠의 성격을 그대로 물려받아 모든 면에서 다정합니다. 아빠는 기념일을 단 한 번도 잊은 적이 없고 엄마에게 선물도 꼭꼭 합니다. 제 생일에도 가족끼리 외식을 하고 축하한다며 아빠의 아들로 태어나서 고맙다는 말씀도 해 주십니다. 저도 앞으

로 그럴 확률이 높습니다. 공부를 잘하는 것도 중요하고 돈을 잘 버는 것도 중요하지만 결혼하기 딱 좋은 사람은 성격이 좋은 사람이라고 생각합니다.

나는 연필을 꼭 잡고 정성스럽게 생각을 적었다. 적다 보니 내가 생각해도 강민동은 꽤 괜찮은 아이였다.
나는 스마트폰의 녹음 기능을 누르고 종이에 쓴 것을 읽었다. 그리고 조심스럽게 녹음한 것을 재생했다.
"으악."
내 목소리가 방 안에 울려 퍼지는 순간 나는 소스라치게 놀라 재생을 취소했다. 내 목소리가 저런 목소리였나? 뭐야, 여자 목소리처럼 아주 얇고 높잖아. 충격이었다.
나는 마음을 다잡고 다시 녹음을 시작했다. 목에 힘을 주어 굵은 목소리를 내려고 애썼다.
"아, 짜증 나."
한껏 힘주어 녹음을 하고 재생을 눌렀을 때 얼굴이 화끈 달아올랐다. 차마 내 목소리라고 말하기도 부끄러웠다. 일부러 폼을 잡는 게 훤히 보이는 목소리였다.

녹음하기를 몇 번이나 반복하다 물을 마시러 방에서 나왔다. 마침 아빠가 서재에서 나오고 있었다. 아빠도 물을 마시러 나온 모양이었다.

"연습 많이 했냐?"

아빠가 물었다.

"제 목소리가 이상해요. 저는 열한 살이 되는 지금까지 제 목소리를 녹음해 들어 본 거는 처음이거든요."

"너는 열한 살이 되는 지금까지 처음이었지? 나는 마흔 살이 되는 지금까지 내 목소리를 녹음해서 듣기는 처음이다. 진짜 이상하더라. 남의 목소리 같고 말이다. 에고, 낯 뜨거워라."

아빠가 빙그레 웃었다.

"몇 시까지 연습하실 거예요?"

"열심히 해야지."

아빠는 몇 시까지 할 건지 대답하는 대신 이렇게 말했다.

연습을 하다가 화장실에 가려고 나왔을 때도 여전히 서재에 불이 켜져 있었다. 물을 마시러 또 나왔을 때도 마찬가지였다.

"밤새 연습은 많이 했니? 그럼 출근하고 학교 가기 전에 삼십 분 동안 잘했는지 확인을 해보마."

할머니는 아침밥을 먹기 전에 할머니 방으로 아빠와 나를 불렀다.

"민동이부터 해 보자. 못해도 되니까 너무 걱정하지 말고 해라. 이제 겨우 사부의 지도를 받은 지 하루도 지나지 않았으니까. 실수해도 괜찮아."

할머니가 내 어깨를 두드려 주었다. "실수해도 괜찮아"라는 말을 듣자 이상하게 따뜻한 기운이 온몸에 퍼졌다.

나는 할머니와 아빠 앞에 서서 어제 외운 말을 큰 소리로 말했다. 하도 연습을 많이 해서인지, 아니면 할머니와 아빠 앞이라서 그런지 떨리지 않았다. 그 다음으로 아빠가 일어나서 밤새 연습한 말을 했다.

"사은품으로 나가는 종이컵을 감자칩 안에 잘 포장하는 것이 중요합니다. 요즘은 어떻게 보이느냐가 중요합니다."

아빠가 말하는 순간 나는 고개를 갸웃거렸다. 사은품으로 종이컵을 준다고? 종이컵을 감자칩 안에 포장한다고? 나는 아빠를 빤히 쳐다보다 크크크 웃음을 터뜨렸다.

"아빠. 말이 바뀌었어요. 크크크크크크. 감자칩 안에다 종이컵을 어떻게 포장해요? 아이고 웃겨라."

말을 하다 보니 더 웃겼다. 나는 아예 배를 잡고 웃었다. 아빠 얼굴이 새빨갛게 달아올랐다.

"이, 이, 이런, 조 조 종이컵이 아니라 가 가 감자칩……."

당황한 아빠는 말까지 더듬었다. 그러고는 끝까지 말을 못하고 할머니 눈치를 봤다.

"어여 끝까지 말을 해."

할머니가 단호하게 말했다. 그러자 아빠는 더듬더듬 말을 이어 갔다.

"민동이 너 웃으면 어떻게 해? 네가 그러는 바람에 내가 당황해서 제대로 말을 못했잖아."

아빠가 나를 원망했다.

"아빠가 웃긴 말을 했으니까 웃은 거지요."

나는 지지 않고 말했다.

"조용조용. 오늘 아침에 아주 잘못된 점이 있었어. 과연 무엇이었을까?"

아빠가 자리에 앉고 난 후 할머니가 물었다. 나는 아차 싶어 입을 다물었다. 아빠가 말하는데 웃은 것, 이것은 진짜 잘못한 거다.

"무엇일까?"

할머니가 다시 물었다.

"아빠가 말하는데 제가 웃은 거요. 아빠가 실수했을 때 제가 웃은 게 잘못이에요."

나는 슬그머니 손을 들고 말했다.

"물론 그것도 잘못이야. 남이 실수를 한다고 해서 비웃으면 그 사람이 얼마나 당황하겠니. 내가 노래자랑에 나가겠다며 녹음기에 대고 몇 날 며칠을 노래 연습을 하고 나서 제일 먼저 할아버지 앞에서 불렀지. 그런데 그만 중간에 찌익 하고 목소리가 갈라지고 말았어. 그때 할아버지 앞에서 얼마나 창피하던지. 할아버지가 배를 잡고 웃는 바람에 노래를 포기할까 고민을 했단다. 말을 할 때나 남의 말을 들을 때나 상대방의 기분을 나쁘게 해서는 안 되지. 기분이 나빠지면 다시는 그 사람과 말하고 싶지 않거든. 그러면 대화 단절이야. 그거 말고 민동이나 애비나 둘 다 잘못한 게 있는데 뭔지 모르겠니?"

할머니 말에 아빠와 나는 서로 마주 봤다.

"둘 다 잘 들어라. 무엇이 잘못되었는지 말해 주마. 너희 둘 다 사흘은 굶은 사람들처럼 허리를 구부정하게 숙이고 말하는 거! 그거 고쳐야 해. 남 앞에서 노래를 부르든 말을 하든 가슴을 쭉 펴야지. 그래야 목소리도 크게 나오고 발음도 정확하게 나오는 법이거든. 남들이 볼 때 자신감도 있어 보이고 말이다. 앞에 서 있는 사람이 자신 있게 말을 해야 듣고 싶은 마음도 생기는 거지. 구부정하게 서서 힘이 하나도 없는 말투로 말하면 누가 귀담아듣겠어? '보나 마나 한 말을 하겠지'라고 지레짐작해서 듣지도 않아. 알았어?"

할머니가 소리치는 순간,

"다들 아침식사하세요."

밖에서 엄마가 외쳤다.

"건강한 몸에 건강한 정신이 나온다는 말을 알고 있지? 반대도 마찬가지야. 자신 있는 마음에서 자신감 넘치는 말과 행동이 나오는 법이야. 오늘 회사와 학교에 가면 그걸 명심하고 말하고 행동하도록! 알았나?"

"예!"

나와 아빠는 동시에 대답했다.

교실에 들어서려는 순간 나는 숨이 멈추는 줄 알았다. 소라와 민두 그리고 보형이가 웃음이 철철 넘치는 얼굴로 무슨 말인가 주고받고 있었다.

'쟤네들이 언제 다시 친해진 거지?'

셋이 친해진 거하고 나하고는 상관없는 일인데 공연히 내 가슴이 콩콩 뛰었다.

나는 천천히 내 자리로 걸어갔다. 내가 나타나자 민두가 하던 말을 멈췄다. 소라와 보형이 얼굴도 한순간 굳어졌다.

'내 흉을 본 건가?'

그렇지 않고서야 분위기가 이렇게 바뀔 리가 없다.

내가 자리에 앉자 소라와 민두 그리고 보형이는 자리를 고쳐 앉았다. 그러고는 아무 일도 없었다는 듯 딴짓을 했다. 분명 내 말을 하고 있었던 거다.

"책상 좀 밀치지 말고 앉으면 안 되니?"

소라가 힐끗 쳐다보며 짜증을 부렸다.

"내가 뭘?"

절대 책상을 밀치지 않았다.

"너 때문에 내 책상까지 비뚤어지니까 그러는 거 아니니?"

무슨 그런 말을.

"나는 네 책상 건드리지도 않았어. 억지 부리지 마."

화가 나니까 말도 잘 나왔다.

"흥, 사과는 절대 하지 않으면서 이런 때는 말도 잘하네."

소라가 코웃음을 쳤다. 그러더니 책상을 확 끌어당겼다.

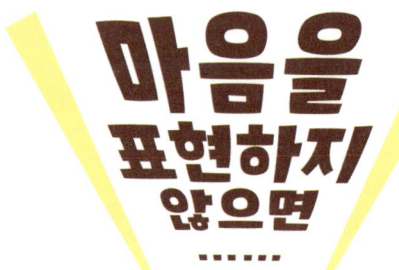

　소라는 나와 눈을 마주치지도 않았다. 소라가 움직일 때마다 찬바람이 쌩쌩 불었다. 어쩌다 첫눈에 반한 소라와 이렇게 되었을까. 왜 상황이 이렇게 꽈배기처럼 배배 꼬여 갈까.

　'나는 그날 너무 당황해서 그 상황에서 벗어나고 싶은 마음에 그런 말을 한 거야. 하고 보니 엄청난 말이었고 그래서 더 당황했어. 소라에게 미안해서 사과도 못할 정도로. 그런데 소라는 내 마음도 모르고 나를 진짜 미워하는 거 같아.'

　소라가 나를 미워한다는 생각을 하자 슬픔이 마음속으로 넘실넘실 밀려들었다.

나는 점심 급식도 딱 두 숟가락 먹다 말았다. 밥맛도 없고 입맛도 없었다.

5교시에는 책상에 엎드려 있었다. 선생님이 어디가 아프냐고 계속 물어보며 걱정했다. 선생님의 관심도 다 귀찮았다.

6교시에도 엎드려 있었다. 하도 엎드려 있었더니 책상과 맞닿는 배도 아프고 이마도 아팠다. 선생님은 계속 어디가 아픈 거냐, 많이 아프면 보건 선생님께 말하고 약 타서 먹어라, 정 아프면 집에 돌아가도 된다, 이러면서 관심을 끊지 않았다.

6교시 중간쯤 되었을 때 햇볕이 등 위에 따뜻하게 내리쬐었다. 따뜻한 햇볕은 곧 온몸에 퍼졌다. 뒤숭숭하던 마음도 편해지기 시작했다. 나는 눈을 꼭 감았다.

ㅡ푸하하하하하하.

얼마가 지났을까. 나는 웃음소리에 눈을 번쩍 떴다. 아이들이 한꺼번에 웃고 있었다. 무슨 일인지 궁금해서 슬그머니 고개를 드는 순간 입가로 흘러내린 침이 길게 늘어졌다.

"완전히 끝내주네. 우리 할머니 코 고는 소리보다 더 커. 천둥소리 저리 가라야. 크크크."

뒤에 앉은 민두가 내 등을 찌르며 킥킥 댔다. 아이들 눈이 모두 나를 향해 있었고 약속이나 한 듯 웃는 얼굴이었다.

맙소사! 내가 잠이 들었던 모양이었다. 거기에다 코까지 골았다는 말이다. 나는 턱에 늘어진 침을 손바닥으로 훔쳤다. 나도 모르게 소라에게 눈이 갔다. 소라는 내 책상을 쳐다보며 얼굴을 찡그리고 있었다. 소라 눈이 멈춘 곳에는 침이 흥건하게 고여 있었다. 나는 황급히 침을 닦았다.

"민동이가 어젯밤에 피곤한 일이 있었나 보구나. 아파서 잠을 설쳤던 거니? 그럼 그럴 수도 있지. 선생님도 아파서 잠을 설친 적이 많거든."

선생님이 부드럽게 말했다. 잠을 설치긴 설쳤다. 어제 녹음을 하며 말하는 연습을 하느라고 말이다.

나는 도로 엎드렸다. 등이 따뜻해지자 또 잠이 솔솔 쏟아졌다. 잠을 쫓으려고 엎드린 채 눈을 부릅떴지만 소용없었다.

하늘하늘 구름 위로 걷고 있을 때였다. 내 옆에 소라가 나란히 걷고 있었다. 나는 너무 반가워서 소라 손을 꽉 잡았다. 그러자 소라가 내 손을 뿌리쳤다. '왜 내 손을 잡는 거야?' 이러고 따지면서 말이다. 나는 소라 손을 놓치지 않으려고 했고 소라는 뿌리치려고 했다. 그러다 그만 소라가 휘청거리며 구름 위에서 떨어지려고 했다.

"아, 아, 안 돼."

나는 소리치며 소라를 잡았다.

-와하하하하하.

고개를 번쩍 들었을 때 아이들이 배를 잡고 웃으며 나를 바라보고 있었다. 나는 책상을 꽉 안고 있었다. 깜박 존 거 같은데 그새 꿈까지 꾼 모양이었다. 아, 진짜 내가 왜 이러지? 창피하다, 창피해.

'왜 그런 꿈을 꾸었을까?'

생각하면 생각할수록 영 찜찜한 꿈이다.

'소라가 나를 미워한다는 말을 들어서 그런가 봐.'

나는 소라를 힐끗 바라봤다. 공책에 뭔가 열심히 적고 있는 소라의 옆모습이 얼음처럼 차갑게 느껴졌다. 소라는 원래 저런 아이가 아니었다. 내가 전학 온 날 소라는 웃으면서 나를 반겨 주었다. 아이들이 이것저것 마구 질문해도 하나하나 정성껏 대답해 주었는데…….

'소라가 저러는 거는 다 내 탓이야.'

나는 아랫입술을 꼭 깨물었다. 아마 소라는 내가 자기를 싫어하고 있는 줄 알 거다. 그래서 자기를 싫어하는 나를 싫어해야 한다고 생각한 거다. 내가 첫눈에 소라에게 반하고 좋아하고 있다는 것을 꿈에도 모르고 말이다. 단 한 번도 내 마음을 말로 표현한 적이 없으니까 당연한 거다. 마음에도 없는 엉뚱한 말로 소라를 기분 나쁘게 만들고 사과도 하지 않았으니까 그렇게 생각할 수 있다. 소라는 그 엉뚱한 말이 내 진심인 줄 알고 있을 것이다.

'말이 참 중요한 거구나.'

말을 하지 않으면 내가 무슨 생각을 하고 있는지 다른 사람은 모른다. 말을 하지 않고 왜 내 생각을 몰라주느냐고 하는 것은 억지다.

집으로 돌아오는 길에 횡단보도 앞에 서 있을 때였다. 빨간 불이 초록불로 바뀌는 순간 내 머릿속에도 초록색 불이 환히 켜졌다.

"아, 그러면 되겠다."

나는 서둘러 횡단보도를 건넜다. 그리고 전속력으로 뛰어 집으로 돌아왔다.

우당탕탕.

나는 운동화를 벗는 둥 마는 둥 거실로 뛰어들었다. 운동화 한 짝이 소파 위로 날아갔다. 소파 위에 누워 텔레비전을 보고 있던 할머니 배 위로 운동화가 떨어졌다.

"이, 이, 이게 무슨 일이냐?"

할머니가 놀라서 일어났다.

"할머니, 죄송해요. 제가 지금 아주 급해서요. 녹음해서 연습해야 할 말이 있거든요."

"으응? 그거 때문에 그런 거냐? 그렇다면 사부인 내가 용서해 주어야지. 제자가 배움에 활활 불타는데 이깟 운동화로 배 얻어맞은 것 정도야 괜찮지."

할머니가 운동화를 집어 들어 현관으로 던졌다. 운동화는 마법에 끌린 듯 현관에 정확하게 떨어졌다.

"뭐라고 해야 내가 소라를 싫어하지 않는다는 걸 알려 줄 수 있을까?"

나는 공책을 펴고 연필을 꽉 잡았다.

✏️ 너는 친절하고 남을 배려하는 아이야. 전학 온 날부터 나는 소라 네가 좋았어. 너를 싫어하는 마음은 눈곱만큼도 없어. 편지는 내가 쓰지 않았어. 그런데 의심을 받게 되어 나도 모르게 당황해서 너를 기분 나쁘게 했어. 사과할게, 미안해. 나는 집에서나 평소에 그냥 하는 대화는 잘하는 편인데 여럿 앞에서 발표하는 건 잘 못하거든. 당황할 때가 많아. 그리고 내 마음을 말로 표현하는 것도 서툴러. 너한테 바로 사과하지 못한 이유도 바로 그거야. 진짜 미안했어.

나는 공책에 쓴 것을 꼼꼼하게 읽어 봤다. 내 마음이 그런 대로 잘 표현된 것 같았다.

녹음하고 지우고 다시 녹음하며 연습했다.

나는 학원을 다녀오고 난 후에도 연습을 하고 저녁을 먹고 나서도 연습을 했다.

"흠흠. 아주 열심히 하는군. 제자가 열심히 하니 사부 어깨가 으쓱 올라가는군."

할머니가 방문을 열어 보고 흐뭇해했다.

"왜 그러는데? 나 지금 바쁘니까 빨리 말해."

소라가 있는 인상을 다 써 가며 말했다. 쉬는 시간에 바빠야 고작 화장실에 가는 것일 텐데, 내가 화장실만도 못하다는 뜻인가? 이 생각이 들자 머리끝까지 차올랐던 자신감이 한순간 무너져 내렸다.

"안 돼."

나는 주먹을 불끈 쥐고 스스로에게 소리쳤다. 이대로 물러서면 다시는 기회가 오지 않을 수도 있다.

"뭐가 안 돼? 할 말 없으면 비켜 줘."

"할 말 있어."

나는 어제 밤새도록 연습한 말을 찬찬히 떠올렸다. 앞에 서 있는 소라를 소라로 생각하지 않고 스마트폰으로 녹음하는 거라고 생각하기로 했다. 그러면 전혀 떨리지 않을 것 같았다. 그래, 그렇게 하면 되는 거야. 나는 마음을 다잡았다.

"소라 너는 친절하고 남을 배려하는 아이야."

"뭐?"

소라는 뜬금없는 칭찬에 당황한 모양이었다.

"민동이 너 갑자기 왜 그래?"

소라가 따지듯이 물었다. 나는 다시 무너지려는 자신감을 단단히 붙잡고 다음 말을 이어 갔다. 하도 연습을 많이 해서인지 말이 술술 나왔다.

소라 표정이 점점 변해 갔다. 갸름하니 올라갔던 눈꼬리가 내려오고 일자로 뻗어 있던 입꼬리도 위로 올라갔다.

"진짜 미안했어."

나는 마지막 말을 마치고 속으로 길게 숨을 내쉬었다. 꼭 달리기를 마치고 골인 점에 선 느낌이었다.

"나는 민동이 네가 나를 그렇게 생각하는지 전혀 몰랐네. 알았어, 네 사과는 받아 줄게. 당황하게 되면 생각지도 않은 엉뚱한 말이 나올 수도 있어."

소라가 웃었다. 소라가 웃자 내 마음속에 있던 커다란 쇳덩어리가 빠져나가는 것 같았다. 나도 웃음이 나왔다. 이렇게 마음 편하게 웃어 보는 게 백 년 만인 거 같았다.

"그리고 있잖아. 나는 편지를 쓰는 거보다 문자 보내는 걸 더 좋아해. 내가 글은 잘 쓰지 못하거든."

기분이 좋아서인지 연습하지 않은 말도 술술 나왔다.

"그럼 이따 수업 끝나고 전화번호를 주고받자."

소라가 말했다.

야호! 나는 두 팔이 올라가려는 걸 간신히 참았다.

그때 화장실 쪽에서 민두가 걸어오고 있었다. 나와 소라가 마주 보고 서 있는 걸 본 민두 걸음이 빨라졌다. 가까이 온 민두의 얼굴이 잔뜩 구겨졌다.

"너희 뭐 해?"

민두는 나와 소라를 번갈아 바라봤다.

"아무것도 아니야. 나는 급해서 이만."

소라가 화장실 쪽으로 급하게 걸어갔다.
"뭐야? 소라랑 무슨 얘기 했어?"
"아무것도 아니라고 소라가 그랬잖아."
"아무것도 아닌 게 아닌 거 같아. 분위기가 이상해. 둘이 친해진 거야? 왜?"
나는 한꺼번에 여러 가지 질문을 퍼붓는 민두를 두고 교실로 들어왔다. 이렇게 시원한 걸 진즉에 할 걸.
민두는 하루 종일 소라와 무슨 일이 있느냐고 물었다. 등을 얼마나 찔러 대는지 구멍이 나는 줄 알았다.

견디다 못해 내가 소라에게 사과했다고 사실대로 말했다. 솔직히 말하면 좀 더 비밀로 하고 싶었는데. 소라와 나만의 비밀로 말이다. 어쩐지 그러고 싶었는데.

"사~~부~~."

나는 현관문을 벌컥 열고 외쳤다. 오늘 일을 할머니에게 얼른 말하고 싶었다.

"뭔 소리야? 사부라니? 너, 만화 카페에 몇 번 갔다더니 무협지만 읽는 거야?"

엄마가 앞치마에 손을 닦으며 주방에서 내다봤다.

"민동이의 사부는 나다. 무슨 일이냐?"

그때 욕실 문이 열리며 할머니가 나왔다.

"예? 어머니가 사부라고요?"

엄마는 어이가 없다는 듯 피식 웃었다. 그러다 나와 할머니 표정이 진지한 걸 보고는 엄마도 같이 진지한 얼굴이 되었다. '아, 장난이 아닌가 보구나.' 이런 생각이 든 모양이었다.

나는 할머니 귀에 대고 오늘 소라와 있었던 일을 속삭였다.

"그래? 그거 참 잘되었다. 어젯밤에 연습을 열심히 하더니 역시 노력은 성공의 어머니야. 애비도 어제 아주 열심히 하는 것 같더라."

"애비가 뭘 연습해요, 어머니?"

엄마가 궁금해 죽겠다는 표정으로 물었다.

"그런 게 있다. 나는 민동이의 사부이기도 하고 애비의 사부이기도 하거든."

"예? 애비한테 뭘 가르치시는데요? 애비가 어머니께 배울 게 있나요?"

"어째 그 말이 나 같은 노인네한테는 배울 게 없을 거라는 말로 들린다."

"예? 아휴, 아니에요. 어머니."

엄마가 고개를 좌우로 마구 흔들며 손사래를 쳤다.

"역시 그 방법이 통했구나. 통할 줄 알았지."

할머니가 흡족한 웃음을 보냈다. 나는 할머니와 마주 보고 웃었다.

"그 방법이 뭐예요?"

엄마가 또 궁금해 죽겠다는 듯이 물었다.

"애비한테도 그 방법이 통했으면 좋겠다."

할머니는 엄마 말에도 대답하지 않고 말했다.

"제가 아빠를 빼닮았잖아요. 그러니까 당연히 아빠도 통할 거예요."

"음음, 좋았어. 오늘 저녁에는 새로운 방법도 전수하도록 하지. 기대하고 있어라. 나는 민두 할머니랑 좀 놀다 오마."

"어머니. 뭘 전수하시겠다는 건데요?"

엄마가 할머니를 졸졸 따라가며 물었다.

"너는 애비가 보너스를 받아 오면 어디에 쓸 건가 그거나 고민을 해 보렴. 아, 식탁 산다고 했지."

할머니는 현관문을 쾅 닫고 나갔다.

"갑자기 무슨 보너스? 보너스 날아간 거 생각만 해도 화가 나는데 왜 그 말씀을 또 하시는 거야."

엄마는 닫힌 현관문을 원망스러운 눈빛으로 바라봤다. 나는 엄마가 무슨 일이냐고 묻기 전에 얼른 방으로 들어와 버렸다. 엄마는 할머니의 방법을 알게 되면 그게 효과가 있겠느냐며, 차라리 스피치 학원에 다니자고 할 거다.

저녁을 먹고 엄마가 드라마에 한창 빠져 있을 때 할머니 방으로 모였다.

"오늘은 몸으로 말하는 방법을 전수하도록 하겠다. 몸으로 말한다는 거는……."

"몸으로 말을 한다고요? 세상에 그런 것도 있어요?"

나는 할머니 말을 중간에 자르며 물었다.

"할머니 말씀하시는데 중간에 끼어들면 안 돼."

아빠가 내 옆구리를 찔렀다. 아차! 저번에 소라도 그런 말을 했는데, 깜박 잊고 있었다.

"그건 애비 말이 맞다. 내가 말을 잘하는 것도 중요하지만 남의 말을 잘 들어 주는 것도 중요해. 남의 말을 잘 들어 주어야 남도 내 말을 잘 들어 주지. 그 점도 명심하도록 해라. 자, 몸으로 말한다는 것이 뭔고 하니 잘 들어 봐라, 흠흠."

할머니는 목을 가다듬었다.

"내가 사실은 노래를 아주 잘 부르지는 않아. 밥솥까지 받아 오니 가수 뺨치게 잘 부른다고 생각하고 있지? 하지만 내 노래 실력은 가수와 견줄 정도는 아니지. 그럼 왜 사람들이 내 노래를 들으면 환호하는 줄 아냐? 그건 바로 온몸으로 노래를 부르기 때문이지. 노래에 맞는 춤을 추고 노래에 맞는 표정을 짓는 거지. 즐거운 노래면 즐거워하는 표정, 슬픈 노래면 슬픈 표정. 무슨 말인지 알겠냐?"

"그런데요, 할머니. 아니 사부. 노래 부를 때는 그렇게 하는 게 이해가 되는데요, 말을 할 때도 그렇게 하라고요? 춤도 추고……."

그건 좀 곤란할 것 같았다.

"에이그, 쯧쯧. 내 말은 말이다. 말을 할 때 진심을 담아 말하면 얼굴에 진심이 나타난다는 말이다. 엄청나게 말을 잘하지 못해도 진심이 담긴 말은 듣는 사람을 감동시키지. 자, 애비가 회사에서 자신의 의견을 발표할 때 '이건 정말 대단한 것입니다' 이렇게 말한다고 치자. 몸을 움츠리고 다 죽어 가는 표정으로 이런 말을 하면 사람들이 애비 말을 듣겠니? 어림없지. 아마 한쪽 귀로 듣고 한쪽 귀로 흘려보내겠지. 하지만 가슴을 쫙 펴고 자신만만한 표정으로 말하면 '어라? 저렇게 자신 있게 말하는 걸 보니 대단한 의견이 맞나 보다' 이렇게 생각한다는 거지. 자신 있게 말하다 보면 자기도 모르게 손도 이리저리 쓰게 된단다."

아하, 몸으로 말한다는 게 그 말이구나. 나는 그제야 할머니 말이 이해가 되었다. 아빠도 크게 고개를 끄덕이셨다.

마음이 느껴지는 말이었어!

"오늘은 월요일. 기다리고 기다리던 월요일이지. 다들 토요일과 일요일 잘 지냈지? 그럼 뭘 하고 지냈는지 한번 들어 볼까?"

월요일 아침, 선생님이 교실에 들어오자마자 말했다. 아차! 그걸 깜박 잊고 있었다. 토요일과 일요일에는 자랑할 것에 대해 집중적으로 연습했다. 그러는 바람에 월요일마다 특이한 발표를 한다는 것을 깜박 잊고 있었다.

"선생님. 저부터 발표해도 되나요?"

민두가 손을 번쩍 들었다.

"뭔가 대단히 재미있는 일이 있었던 모양이구나. 민두 얼굴이 아주 신나 보이네."

민두는 앞으로 나오라는 말도 없었는데 굳이 앞으로 나갔다. 민두는 토요일에 고모할머니의 칠순 잔치에 갔던 이야기를 했다. 달팽이 요리인지 소라 요리인지 고급 요리가 잔뜩 차려진 뷔페식당에서 잔치를 했는데 유명한 연예인이 사회를 봤다고 했다. 민두도 노래를 불렀는데 사회를 보던 연예인이 앞으로 가수가 되는 게 어떠냐며 칭찬을 했단다.

"무슨 노래를 불렀는데? 한 번 해 봐라. 진짜 가수가 될 소질이 있는지 우리도 들어 보자."

선생님은 신이 나서 말했다.

"노래! 노래! 노래!"

아이들이 박수를 치며 외쳤다.

민두는 온갖 폼을 다 잡아 가며 노래를 불렀다. 아이구야, 사회를 봤던 연예인이 누군지 몰라도 노래 듣는 실력은 별로인 것 같았다. 민두는 노래에는 소질이 별로 없어 보였다. 하지만 표정은 그야말로 최고였다.

"민두 너는 그냥 가수 하지 말고 뮤지컬 배우 해라."

누군가 말했다.

민두를 시작으로 한 명씩 앞으로 나가 발표했다.

'큰일 났네.'

아이들이 말을 잘하면 잘할수록 박수를 받으면 받을수록 내 걱정은 커졌다. 그걸 잊고 있었다니. 연습만 잘했으면 오늘 소라 앞에서 뭔가 보여 줄 수 있었는데. 나는 스스로를 원망했다.

"다음은 강민동."

선생님이 나를 부르는 순간 뒤에서 크윽 소리가 들렸다. 돌아보지 않아도 보형이 목소리라는 걸 알 수 있었다. 크윽 소리에는 여러 가지 뜻이 들어 있다. 네가 무슨 발표를 하겠어? 오늘도 보나 마나 제대로 말도 못하겠지. 또 망신이나 당해라. 아마 이런 뜻일 거다.

"잘할 수 있을 거야. 민동이 너 말 잘하잖아. 복도에서 나한테 말했던 것처럼 하면 돼."

소라가 나지막하게 말했다. 그러게. 그렇게 하면 된다는 건 나도 알고 있다. 하지만 지난번에는 연습을 아주 많이 했었고 오늘은 아무 준비도 못한 게 문제지.

"파이팅."

소라가 주먹을 살짝 쥐어 올렸다.

"야, 소라, 너 지금 뭐라고 했냐? 파이팅? 설마 내가 잘못 들은 거겠지?"

보형이가 물었다.

"소라가 진짜 그랬어?"

민두가 놀라서 물었다. 소라는 못 들은 척했다.

후들후들 떨리는 다리에 힘을 주고 가슴을 쫙 폈다. 숨을 크게 한 번 들이쉬자 쿵쾅대던 심장이 조용해졌다. 나는 토요일과 일요일에 무엇을 했는지 떠올렸다. 열심히 녹음을 하고 지우고 다시 녹음을 했다. 그리고 할머니와 아빠 앞에서 연습한 것을 말해 보기도 했다. 또 할머니와 함께 거울을 보고 노래를 부르기도 했다.

"빨리 말해 봐."

보형이가 실실 웃으며 재촉했다.

"그냥 그러고 계속 서 있을 거야? 말 안 할 거면 들어오든가."

민두도 보형이 말을 거들었다.

"생각이 잘 안 날 수도 있지. 천천히 생각해서 발표해."

그때 소라가 나섰다.

민두와 보형이가 놀란 눈으로 소라를 바라봤다.

"그래, 천천히 생각해도 돼."

선생님이 소라 말에 맞장구쳤다.

이상했다. 소라의 말이 꼭 마법의 약 같았다. 한 알만 먹어도 기운이 나고 떨림을 싹 가시게 하는 마법의 약 말이다.

"저는 토요일과 일요일에……."

그동안 말하는 연습을 많이 해서인지 아니면 마법의 약 효과인지 입이 술술 열렸다. 무슨 말만 하려고 하면 얼음처럼 꽝꽝 얼어 움직이지 않던 예전과는 달랐다.

"토요일과 일요일에 할머니와 함께 말하는 연습을 했습니다. 며칠 전부터 할머니는 아빠와 저의 사부가 되셨거든요."

나는 내 입이 말하는 대로 그냥 두었다. 왠지 내 입을 믿어도 될 것 같았다.

나는 할머니와 어떤 식으로 말하는 연습을 했는지 있었던 일을 그대로 말했다. 멋있게 말하려고 노력하지 않았다. 꾸미려고도 하지 않았다.

"거울을 보고 노래를 부르니까 어땠어?"

누군가 물었다.

"처음에는 거울에 비친 내 모습이 이상했어. 그런데 자꾸 하다 보니 내 모습이 눈에 들어왔어. 어색한 부분도 보였어. 아, 이렇게 하면 더 노래와 어울리는 모습이겠구나, 하는 생각도 들었고."

"나도 한 번 해 봐야지."

"나도."

아이들이 번갈아 가며 말했다. 아이들이 내 말에 관심을 가져 주자 더 힘이 났다.

짝짝짝.

박수 소리가 우렁찼다. 생전 처음으로 발표를 하고 큰 박수를 받았다.

'할머니가 알려 준 진심을 담은 말이 바로 이런 거구나. 멋지게 말을 잘하는 것도 중요하지만 진심을 담아 말하는 것도 다른 사람의 마음을 얻을 수 있는 거야.'

나는 그동안 발표를 할 때는 멋지게 말을 잘해야 한다고 생각했다. 그래서 멋지게 말할 수 없어서 앞에 서기만 하면 떨리고 주눅이 들었다.

"소라야. 갑자기 왜 민동이 편을 들고 그래? 너 민동이 때문에 기분이 나쁘다고 그랬잖아. 민동이가 소라 너에 대해 잘 알지도 못하면서 이상한 말을 했다고 싫어했잖아. 그런데 갑자기 왜 그러느냐고?"

쉬는 시간에 보형이가 소라에게 따지고 들었다.

"내가 민동이를 오해하고 있었어. 민동이는 그런 뜻으로 말한 게 아니라고 했어."

"민동이가 언제 그랬어?"

"지난주에."

"민동이 말을 다 믿어? 거짓말로 그럴 수도 있잖아. 소라 네가 싫어한다는 걸 알고 거짓말을 꾸며 냈을 수도 있잖아."

보형이는 침을 튀겨 가며 열을 올렸다. 어떻게 해서든지 소라 마음을 되돌리려고 안달이었다. 보형이가 소라를 좋아하는 게 확실했다.

"그래. 나도 그렇게 생각해."

민두가 슬쩍 내 눈치를 보며 끼어들었다.

"아니야. 민동이가 하는 말은 거짓말 같지 않았어. 진짜 민동이 마음이 느껴졌다고. 내가 민동이를 오해했던 거야."

소라는 힘주어 말했다.

    월요일 발표를 하고 나니 다음 주에 있을 자기 자랑 대회도 어쩐지 잘할 수 있을 것 같았다. 자신감이 제일 중요하다는 할머니 말이 딱 맞았다. 한 번 자신감이 붙으니 걱정이 사라지고 걱정이 사라지니 뭐든 다 잘할 수 있을 것 같았다.

    자랑 대회를 앞두고 나는 최선을 다해 연습하기로 했다. 아빠를 닮아 부드럽고 다정한 성격이라는 걸 소라에게 알리고 싶었다. 그러면 소라도 나에게 관심을 가질 것이다.

    '크크크크크.'

그 생각을 하자 웃음이 절로 나왔다.

드디어 대회가 내일이었다! 나는 밤을 새기로 마음먹었다.

밤 12시가 넘어 화장실에 가려고 나왔을 때였다. 서재에서 불빛이 새어 나왔다. 아빠도 아직 잠들지 않았다는 증거였다. 나는 서재 문을 살며시 열었다.

"이 프로그램을 잘 살펴보시면……."

아빠는 연습에 열중하고 있었다.

그때 머리 위로 그늘이 지며 뜨거운 기운이 느껴졌다. 나는 깜짝 놀라 얼른 뒤돌아봤다. 할머니였다.

"제자들이 잠까지 설쳐 가며 열심히 하고 있군. 그래도 잠은 자야지."

할머니 목소리에 아빠가 뒤돌아봤다.

"내일이 발표거든요."

아빠가 머리를 긁적였다.

"저도 내일이 발표예요."

"그럼 내일 보너스도 받고 상품도 받는 날이군. 그럼 마지막으로 한 가지 더 알려 주지. 내일 발표를 할 때 말이다. 말을 하면서 여러 사람의 눈을 천천히 번갈아 가며 맞추도록 해라. 눈을 맞추며 말하면 듣는 사람의 신뢰를 얻을 수 있거든. 이것도 내가 잘하는 방법 중에 하나야."

"여러 사람들과 눈을 맞추며 말하라고요? 아휴, 사장님을 비롯해서 높은 분들인데 어떻게 눈을 바라보며 말해요?"

아빠가 고개를 저었다.

"에이그, 답답해라. 평상시에 대화를 할 때도 눈을 보고 말하면 대화에 집중도 훨씬 잘되고 친하게 느껴지는 법이야. 딴 곳을 보고 말해 봐라. 말하면서 딴생각한다는 소리나 듣지. 드라마에서 좋아한다는 고백을 할 때도 꼭 이렇게 눈을 보면서 말하잖니."

"에이, 그냥 대화하는 거랑 발표랑 같나요?"

아빠는 여전히 고개를 저었다. 하지만 가만 생각해 보니 할머니 말이 맞았다. 나는 내일 할머니가 말한 대로 해 보기로 했다.

"이건 진짜 비밀인데 말이다. 여태 아무한테도 말한 적이 없는데 말이다."

갑자기 할머니 얼굴이 빨개졌다.

"내가 민동이 할아버지와 만났을 때 일이지. 민동이 할아버지가 내 눈을 보면서 '마음에 듭니다, 결혼하면 정말 잘해 줄 테니 결혼합시다' 이렇게 말했거든. 그 눈빛에서 진심이 느껴져서 결혼하기로 마음먹었지. 그렇지 않았으면 내가 왜 결혼을 했겠니? 얼굴이 잘생기기를 했나, 돈이 많기를 하나, 키가 크기를 하나, 목소리가 멋지기를 하나, 내세울 거라고는 코딱지만큼도 없는 사람인데. 큼큼, 그럼 열심히 해라. 아참, 그리고 옷도 잘 차려입어라. 비싼 옷을 입으라는 게 아니야. 남 앞에 설 때는 예의를 갖추는 의미에서 단정하게 차려입어야 하는 거다. 민동이 할아버지도 옷을 아주 말쑥하게 차려입었었지."

할머니는 빨개진 얼굴을 문지르며 돌아섰다.

"어, 이상하다. 할머니가 먼저 결혼하자고 말했다고 했는데?"

분명 저번에 전화하면서 그랬었다.

"그건 중요한 게 아닌 거 같은데. 지금 우리에게는 연습이 중요해."

아빠가 말했다. 아빠 말이 맞다. 하지만 나중에 꼭 물어보긴 할 거다. 누가 먼저 결혼하자고 했느냐고.

잠을 잔 듯 만 듯 아침이 되었다. 아빠는 아침 내내 욕실에서 젤로 머리를 세우고 엄마의 비비크림까지 몰래 발랐다. 그리고 양복을 입었다. 나도 머리를 세우고 새로 세탁한 셔츠와 바지를 찾아 입었다.

"오늘 둘 다 무슨 날이야? 왜 그래?"

엄마가 나와 아빠를 보며 고개를 갸웃거렸다. 아빠는 오늘 발표가 있다는 걸 엄마에게 말하지 않은 모양이었다. 하긴 굳이 아빠가 말하지 않아도 오후가 되면 엄마도 자연스럽게 알게 될 테지만.

"엿을 사려고 했는데 어제 민두 할머니랑 어디 좀 다녀오느라고 깜박했다. 달라붙는 힘은 엿에 비할 바는 아니지만 그래도 그냥 지나려니 사부가 그래서는 안 될 거 같아서. 자, 내 성의다."

현관 앞에서 할머니가 엄마 몰래 내 바지 주머니와 아빠 양복 저고리 주머니에 뭔가 쑥 넣어 주었다.

아빠와 함께 나란히 엘리베이터 앞에 섰다.

"잘해라."

아빠가 말했다.

"잘하세요."

내가 말하는 순간 엘리베이터가 멈추고 문이 열렸다.

"잠깐만이요."

그때 민두 엄마가 재활용할 종이를 가득 들고 나왔다. 민두 엄마는 허겁지겁 엘리베이터에 탔다. 그 순간 종이 상자 위에 올린 종이 뭉치가 와르르 쏟아져 흩어졌다.

"제가 도와드릴게요."

나는 바닥에 흩어진 종이를 주우려고 허리를 숙였다.

"엄마. 나도 같이 가요."

엘리베이터 문이 닫히려는데 민두가 현관문을 박차고 뛰어나왔다. 아빠가 열림 버튼을 눌렀다.

나는 흩어진 종이를 모았다. 그때 구깃구깃한 종이 한 장이 눈에 들어왔다.

'소라야, 어쩌고저쩌고.'

소라라는 글씨에 내 눈이 동굴처럼 커졌다. 나는 허리를 굽힌 채 구겨진 종이를 펼쳐 읽었다. 저번에 교실에서 본 바로 그 내용이었다. 누군가 소라에게 쓴 그 편지 말이다.

'범인은 민두였군.'

워드로 친 종이를 몇 장 뽑았던 게 분명했다. 걸핏하면 소라네 만화 카페에 갈 때부터 알아봤다. 만화책을 좋아해서 가는 거라고 핑계를 대더니. 뭐, 좋아하면 좋아한다고 당당하게 말하지. 생쥐처럼 편지를 써서 몰래 사물함에 넣는 짓은 하지 않는다고? 치, 민두가 생쥐였군.

"여기요."

나는 주운 종이 뭉치를 박스 위에 올려놓았다. 슬쩍 민두를 바라보는 순간 눈이 마주쳤다. 나도 모르게 웃음이 피식 나왔다. 민두가 고개를 갸웃거리며 나를 빤히 보다가 박스 위에 올린 종이를 봤다. 민두의 얼굴이 한순간 백지장처럼 하얘졌다.

"그런데 아빠와 아들이 오늘 아주 멋져 보이네요. 머리도 멋지게 하고. 오늘 좋은 일이 있나 봐요?"

민두 엄마가 나와 아빠를 번갈아 보며 물었다. 아빠와 나는 대답 대신 웃었다.

민두가 벌게진 얼굴로 제일 먼저 엘리베이터에서 내렸다. 민두는 한 번도 뒤돌아보지 않고 걸어갔다.

민두가 사과하면 어떻게 하지? 뭐라고 하면서 사과를 받아야 하지? 말하는 것도 중요하지만 다른 사람의 말을 듣는 것도 중요하다고 했다. 사과할 때 어떻게 하느냐에 따라 민두와 친해지느냐, 그렇지 않느냐를 정할 거다.

'일단 오늘 발표부터 잘하고 나서 생각하자.'

뭐든 잘될 거 같은 기분이었다.

"민동아. 할머니가 주머니에 껌을 넣어 주셨네. 이거 씹고 너랑 나랑 오늘 발표에서 철썩 붙자."

아빠가 껌을 까서 내밀었다. 나는 냉큼 받아 입에 넣었다. 어쩐지 오늘따라 더욱 달콤한 맛이었다.

 남 앞에서 이야기하면
왜 자꾸 긴장되고 목소리가 떨리는 걸까요?

말하기가 두려워요

누구나 남 앞에서 말을 할 때는 떨려요. 내 말을 듣고 웃음을 터뜨리면 어쩌나 걱정이 되기도 하고요. 가장 유명한 연설가라는 말을 듣는 영국의 처칠 수상도 처음에는 말더듬이에다 부끄러움을 많이 타는 성격이었어요. 처칠이 대단한 연설가가 될 줄은 아무도 몰랐어요. 물론 처음부터 말을 잘하는 사람도 있겠지만 대부분의 사람들은 그렇지 않아요. 꾸준한 연습으로 남 앞에서 말할 때의 두려움을 극복하는 거지요.

누구나 그런 걱정을 해요

🔊 발표할 때
- 내 의견이 무시당하면 어쩌나, 혹시 내가 한 말이 틀리면 어쩌나 이런 걱정이 들지요. 당연해요. 누구나 그런 걱정을 해요.

🔊 마음에 드는 아이와 친구가 되고 싶을 때
- 나는 저 아이가 좋은데 저 아이도 나를 좋아할까? 친하게 지내자고 말했다가 거절을 당하면 어쩌지? 당연해요. 누구나 그런 걱정을 해요.

🔊 싫다는 말을 해야 할 때
- 남 앞에서 싫다는 말을 하기는 정말 어려워요. 내가 싫다고 하면 상대가 어떤 반응을 보일까, 가슴이 콩닥콩닥 뛰지요. 당연해요. 누구나 그런 걱정을 해요.

🔊 노래 부를 때

-노래를 틀리면 어쩌지? 목소리가 이상하게 나오면 어쩌지? 당연해요. 누구나 그런 걱정을 해요.

🔊 다른 아이의 의견과 내 의견이 다를 때

-이럴 때 참 곤란해요. 토론을 거쳐야 할 일이 생길 수도 있으니까요. 토론을 하다 엉뚱한 말을 해서 망신을 당할 수도 있는데 어쩌지? 토론이 무서운데 그냥 지나가고 말까? 당연해요. 누구나 그런 걱정을 해요.

떨지 않고 당당하게 말하기! 나도 할 수 있어요!

🔊 끊임없는 연습이 필요해요

-강의를 잘하는 어느 유능한 교수님이 있었어요. 얼마나 강의를 잘하는지 그 교수님의 강의를 들으려고 학생들은 항상 긴 줄을 서야 했어요. 학생들은 그 교수님이 아는 것이 많으니까 강의도 잘하는 건 줄 알았어요. 하지만 머릿속에 지식이 꽉 찼

다고 해서 다 강의를 잘하는 것은 아니에요. 그 교수님은 강의를 하기 전에 미리 녹음기에 강의 내용을 녹음하고 수십 번씩 듣고 연습했어요. 연습벌레였던 거지요. 자신이 발표하고 싶은 내용이나 하고 싶은 말을 미리 녹음해서 듣고 연습하고 거울을 보며 말하는 연습을 꾸준히 하면 떨지 않고 당당하게 말할 수 있어요.

🔊 자신감을 갖는 게 중요해요

−마음속으로 '나는 안 돼' '나는 못해' '나는 계속 떨릴 거야' 이런 생각을 한다면 영원히 남 앞에서 당당하게 말할 수 없어요.

내 스스로에게 '나는 할 수 있어' '나는 뭐든 잘해 왔어' 이러면서 최면을 걸고 자신감을 갖도록 스스로 노력해야 해요.

🔊 말할 기회가 있으면 무조건 하도록 해요
-말하기 떨린다고 기회가 생길 때마다 하지 않겠다고 말하면 안 돼요. 뭐든 자주하다 보면 잘할 수 있어요. 말도 마찬가지예요. 떨리고 두려워도 자꾸 부딪혀 봐야 해요. 부딪히고 또 부딪히다 보면 말하는 게 별거 아니라는 생각이 들 거예요. 말할 기회가 주어진다면 뒤로 빠지지 말고 그 기회를 잡아야 해요.

🔊 성공하는 자신의 모습을 날마다 상상해요
-자신도 모르게 말하다 창피를 당하는 스스로의 모습을 날마다 상상하고 있지는 않나요? 뭐든 생각하는 대로 된다는 옛말이 있어요. 창피당하는 모습을 상상하는 대신 멋지게 말하고 박수를 받는 자신의 모습을 상상해야 해요. 그런 상상을 하고 나면 기분이 좋아지고 기분이 좋아지면 용기가 생겨요.

🔊 올바른 태도도 중요해요

－고개를 숙이거나 허리를 구부린 모습, 허공을 떠도는 불안한 눈길은 '나는 자신이 없답니다'라고 말하는 것과 마찬가지예요. 남 앞에서 말을 할 때는 가슴을 쭉 펴고 바른 자세를 취하도록 해요. 시선은 상대방의 눈이나 이마를 바라보도록 하고요. 서서 말할 때는 다리를 어깨 넓이 정도로 벌리고 서면 안정감이 생겨요.

🔊 가슴이 콩닥콩닥 뛸 때는 호흡법도 중요해요

－떨릴 때는 코로 숨을 천천히 깊게 들이마셔요. 그런 다음 천천히 내뱉어요. 이것을 몇 차례 하면 마음이 편안해져요.

🔊 **내가 말할 때 어떤 아이가 웃어요**

―이럴 때는 정말 당황하게 되지요. 열심히 발표를 하고 있는데 어떤 아이는 딴전을 피우고 또 어떤 아이는 옆 사람과 떠든다면 당황해서 머릿속에 있던 말할 거리가 한순간 사라지게 되지요. 그럴 때는 나에게 집중하고 있는 한 사람을 바라보고 그 사람에게 집중하도록 해요.

🔊 **진심을 담은 말이 힘이 세요**

―멋지게 말하려고 노력하는 것보다 진심을 담아 말하는 게 상대를 감동시킬 수 있어요. 말 한마디, 한마디에 내 진심을 담는 연습을 하도록 해요.

말은 사람만이 가진 특별한 것!

 사람이 가진 특별한 능력 중에 가장 위대한 것은 바로 말을 하는 거지요. 사람은 말로 자신의 마음을 모두 전달할 수 있어요. 그리고 다른 사람의 마음도 말로 들을 수 있지요. 그걸 소통이라고 해요. 사람은 혼자서는 절대 행복할 수 없어요. 소통을 통해 더 큰 행복과 발전을 만들어 가는 거지요.

아, 내가 아주 좋아하는 어떤 사람을 소개할게요. 그 사람이 말하는 것을 듣고 있으면 절로 웃음이 나요. 아주 우울하거나 슬픈 날에도 그 사람이 말하는 것을 들으면 기분이 아주 좋아져요.

그 사람은 교수님도 아니고 훌륭한 연설가도 아니에요. 말을 잘한다는 아나운서도 아니고 방송국 프로그램 MC도 아니에요.

그 사람은 바로 우리동네 대형 마트에서 생선을 파는 아저씨

랍니다. 수많은 사람들이 오고가는 마트에서 그 아저씨는 마이크를 들고 그날 파는 생선들을 소개해요.

"생글생글 웃고 있는 싱싱한 고등어가 왔어요. 지금 당장 바다로 뛰어들려는 오징어가 왔어요."

그 아저씨의 말을 듣고 있으면 바다 한가운데에서 생선들과 같이 있는 기분이 들어요. 바다 냄새도 나고 말이에요. 처음에는 너무 떨려서 '고등어'라는 말을 하는데 한 시간이 넘게 걸렸다는 그 아저씨. 엄청나게 연습해서 지금처럼 변했다고 해요. 그 아저씨에게 생선을 사 오는 날에는 하루가 참 행복하답니다. 여러분의 말 한마디도 누군가를 엄청나게 행복하게 만들 수 있다는 거, 잊지 마세요.

(재미와 감동으로 몸과 마음을 건강하게 성장시키는)
팜파스 어린이 동화

팜파스어린이 01
다문화 친구 민이가 뿔났다
함께해서 더 즐거워지는 다문화 친구 이야기

"피부색이 달라도 우린 소중한 친구야!"
이제는 익숙해진 다문화 가정 이야기,
다문화 가정 2세가 학교 갈 나이가 되었다!

한화주 지음 | 안경희 그림

팜파스어린이 02
누가 내 방 좀 치워 줘!
집중력과 선택 능력, 실행력을 길러 주는
놀라운 스스로 정리의 힘!

"지금 정리해 놓으면
 내일이 더 재미있고 즐거워져!!"
가방 정리부터 시작해 공책, 방, 교실까지!
무궁무진하게 확장되는 정리비법 대 공개!!

장보람 지음 | 안경희 그림

팜파스어린이 03
생각도둑, 시간도둑, 친구도둑, 공부도둑
스마트폰이 먹어 치운 하루!
스마트폰을 슬기롭게 사용하도록 이끌어 주는
생각 동화

"심심하면 톡톡, 지루하면 터치!!
 하루 온종일 스마트폰!!"
이제는 스마트폰 터치 말고
내 옆 친구의 눈을 보고 이야기해 보아요!!

서영선 지음 | 박연옥 그림

팜파스어린이 04
말과 글에도 주인이 있어요!
더불어 살고, 존중하는 사회를 만드는
아이로 성장시키는 놀라운 저작권 교육의 힘!

"뜻도, 말도 어려운 저작권!
 근데 저작권이 왜 중요해?!"
우리 생활 곳곳에서 일어나는
어마어마한 저작권의 힘!

장보람 지음 | 최해영 그림

팜파스어린이 05
우씨! 욱하고 화나는 걸 어떡해!!
아이의 분노 조절과 자기 관리,
사회성을 길러 주는 놀라운 감정 표현의 힘!

"오늘도 나는 불끈 화가 난다!!"
'화'란 껍질 속에 꽁꽁 숨어 있는
너의 진짜 마음을 보자!!

한현주 지음 | 최해영 그림

팜파스어린이 06
나 남자 친구 사귀어도 돼?
이해, 존중과 배려를 배우는
어린이 이성 친구 이야기!

"두근두근,
 콩닥콩닥 뛰는 이 마음은 뭘까?"
존중과 배려, 자기관리 능력을 일깨워 주는
초등 이성 친구 가이드라인!

한예찬 지음 | 양아연 그림

재미와 감동으로 몸과 마음을 건강하게 성장시키는
팜파스 어린이 동화

팜파스어린이 07
내 보물 1호는 화장품
화장하면 왜 안 돼?
아이답게 예뻐지는 법을 배우는 동화

"화장하면 금세 예뻐질 수 있는데
왜 안 된다고 해?"
이성과 외모에 부쩍 관심이 많아지는 사춘기,
화장을 안 해도 예뻐질 수 있어!

김경선 지음 | 안경희 그림

팜파스어린이 08
엄마는 정말 내 말을 안 들어줘!
부모님과 갈등으로 힘겨운 어린이들을 위한
소통과 사랑 이야기!

"엄마랑 말하기 싫어! vs
엄마 마음도 좀 봐 줄래?"
엄마, 아빠랑 자꾸 싸우게 되는
우리만의 남다른 이유!

한화주 지음 | 최해영 그림

팜파스어린이 09
엄마는 언니만 좋아해!
얄미운 언니가 없었으면 좋겠어!
까칠한 자매의 따뜻한 소통 이야기

"달라도 너무 다른 자매,
다르지만 또 닮은 우리!"
눈만 마주치면 싸우는 형제자매에게
꼭 필요한 소통의 이야기

박현숙 지음 | 최해영 그림

팜파스어린이 10
커플은 힘들어
연애가 하고 싶은,
연애가 서툰 아이들의 진짜 연애 이야기!

"엄마는 모르는
우리 아이들의 연애 이야기!"
설레고 기분이 좋아지는 이성 교제 이야기

김경선 지음 | 김주리 그림

팜파스어린이 11
내 용돈, 다 어디 갔어?
마른 하늘에 빚장부 벼락!
용돈 관리로 빚쟁이에서 탈출하는 성민이의 이야기

"사고 싶은 거, 먹고 싶은 게 이렇게 많은데!
용돈 다 어디 갔지?"
용돈 관리로 배우는 뚜렷한 경제 관념!

박현숙 지음 | 최해영 그림

팜파스어린이 12
날씬해지고 말거야!
어린이의 튼튼한 자존감과 긍정적 자아상을 위한
다이어트 심리동화

"그거 아니? 건강한 지금의 모습이
정말 예쁘다는 거!"
살 빼고 싶어서 안달한 초등생들의
마음 빈자리를 살펴보고, 튼튼하게 채워 주는
심리동화책

최형미 지음 | 안경희 그림

재미와 감동으로 몸과 마음을 건강하게 성장시키는
팜파스 어린이 동화

팜파스어린이 13
말과 글이 친구를 아프게 해요
상대를 배려하는
올바른 언어습관을 알려 주는 생활동화

"장난으로 한 말인데 왜 그러세요?"
아이들의 잘못된 언어습관을 일깨워 주고,
말과 글의 중요성과 소중함을 알려 주는 동화

박서진 지음 | 김지현 그림

팜파스어린이 14
나랑만 친구해
못된 관계 욕구를 풀고
두루두루 좋은 관계를 맺는 어린이 친구심리!

"내 친구는 내가 지킨다!"
어린이의 건강한 관계 맺기를 알려 주는
생생한 친구 이야기!

한현주 지음 | 김주리 그림

팜파스어린이 15
나쁜 버릇, 내일부터 고칠게요
고얀 놈이 되기 싫은
천방지축 바람이의 나쁜 버릇 고치기 대작전!

"하던 대로 하는 게 뭐 어때서?"
아이가 가진 나쁜 버릇과 습관이
왜 안 좋은지 알려 주고,
좋은 습관을 위한 노력을 알려 주는 생활동화

박현숙 지음 | 최해영 그림

팜파스어린이 16
조금만 불편하면 지구가 안 아파요
일상 속 작은 실천으로
환경을 지키는 방법을 알려 주는 생활동화

"종이컵 하나 안 쓴다고 뭐가 달라져?"
환경 보호는 거창하고 어려운 일이 아니라,
일상에서 누구나 실천할 수 있는 일!

김경선 지음 | 김다정 그림

팜파스어린이 17
수줍어하는 게 어때서!
수줍음, 낯가림 등 내성적인 성격에 대한
어린이 친구들의 당찬 할 말!

"수줍음이 지닌
 무궁무진한 능력들을 한번 볼래?"
어린이 친구의 타고난 성격을 잘 인정하고,
더 발전시키는 생각동화

최형미 지음 | 김효주 그림

팜파스어린이 18
또 사면 되지! 왜 아껴?
어린이 친구의 건강한 마음과
소비생활을 위한 심리동화

"엇! 마음이 약해지면 쇼핑을 한다고?"
욕심이 커지고, 점점 과시하고 싶어지는
어린이 친구의 '쓰는 마음 뒷모습' 살피기

한현주 지음 | 최해영 그림

재미와 감동으로 몸과 마음을 건강하게 성장시키는
팜파스 어린이 동화

팜파스어린이 19
햄버거랑 피자랑, 맛있는 것만 먹을래!
건강한 식습관의 중요성을 알려 주는
어린이 편식 극복 동화

"먹고 싶은 것만 먹는 건 왜 안 돼?"
어린이 친구의 편식을 바로잡고
올바른 식습관을 도와주는 생활동화

박현숙 지음 | 안경희 그림

팜파스어린이 20
내가 이기적이라고?!
어린이 친구의 이해심을 넓히고
더불어 사는 의미를 일깨우는 생각동화

"솔직히! 자기 생각하는 게 뭐가 나빠?!"
자기중심적인 어린이 마음을 들여다보고,
더불어서 사는 의미와 방법을 일러주는
생각동화

한화주 지음 | 김효주 그림

팜파스어린이 21
거짓말이 눈덩이처럼 커져 버렸어!
사소한 거짓말이 불러오는
마음의 상처를 생각해 보는 동화

"손톱 만했던 거짓말이 괴물이 되어 버리다!"
거짓말 때문에 나뿐만 아니라
주위 사람들도 아프다

최형미 지음 | 영수 그림

팜파스어린이 22
5분만 있다가 할게!
회피와 주저함, 무기력에 활기를 돋우는
어린이 미루기 심리동화

"미루는 습관 뒤에는
어떤 마음이 있는 걸까요?"
잘해야 한다는 부담감과 무기력 때문에
미루는 어린이 친구 마음에 활력 돋우기!

한현주 지음 | 최해영 그림

팜파스어린이 23
난 왜 자꾸 질투가 날까?
아이의 질투심에 담긴 욕구와
감정 조절에 대해 생각해 보는 감정동화

"나만 사랑 받고 싶어!
밀려 나고 싶지 않아!"
남들과 비교하지 않고 자기 자신을
더 사랑하는 방법 깨우치기!

강민경 지음 | 안경희 그림

팜파스어린이 24
토론은 싸움이 아니야!
'나와 다른 생각'을 슬기롭게 받아들이고,
토론 능력을 키워 주는 어린이 생각동화

"지금 이거 토론이야? 싸움이야?"
토론하다 불끈 화나는 어린이 친구들의
감정싸움 엿보기!

한현주 지음 | 박연옥 그림

(재미와 감동으로 몸과 마음을 건강하게 성장시키는)
팜파스 어린이 동화

팜파스어린이 25
우리반 딴지왕 또기찬, 멋지게 딴지 걸다!
창의력을 키워주고 통념을 뒤집어 보는
어린이 생각동화

"엉뚱한 생각이 세상을 바꾼다!"
멋진 딴지가 불러오는 놀라운 기적!

채화영 지음 | 박연옥 그림

팜파스어린이 26
게임보다 더 재미있는 게 어디 있어!
자칭 '게임왕', 타칭 '게임중독'
왕재민이 달라졌다!

"밥도, 숙제도,
 게임 한 판만 더 하고 할게요!"
어린이 스스로 게임을 균형 있게 조절하고
슬기로운 생활을 이끌어 주는 생각동화

채화영 지음 | 박선화 그림

팜파스어린이 27
듣고 싶은 말만 들을래요!
소통, 공감 능력을 키워 주는 쓴소리의 힘!

"상대방이 내가 듣고 싶은 말만 해주고,
 내 편을 들어주면 과연 행복할까?"
듣기 싫은 말에 무조건 반항부터 하는
어린이를 위한 생각동화!
쓴소리를 잘 활용하는 특별한 방법과
연습을 통해 한 뼘 더 성장하기

박선희 지음 | 이미진 그림

**발표! 토론!
남 앞에서 말하는 게 제일 싫어!**

초판 1쇄 발행 2018년 9월 20일
초판 8쇄 발행 2024년 9월 1일

지은이 박현숙

펴낸이 이지은 **펴낸곳** 팜파스

기획편집 박선희

디자인 조성미 **마케팅** 김서희, 김민경

인쇄 케이피알커뮤니케이션

출판등록 2002년 12월 30일 제10-2536호
주소 서울특별시 마포구 어울마당로5길 18 팜파스빌딩 2층
대표전화 02-335-3681 **팩스** 02-335-3743
홈페이지 www.pampasbook.com | blog.naver.com/pampasbook
이메일 pampas@pampasbook.com

값 12,000원
ISBN 979-11-7026-219-0 (73810)

ⓒ 2018, 박현숙

· 이 책의 일부 내용을 인용하거나 발췌하려면 반드시 저작권자의 동의를 얻어야 합니다.
· 잘못된 책은 바꿔 드립니다.

이 도서의 국립중앙도서관 출판시도서목록(CIP)은 서지정보유통지원시스템 홈페이지
(http://seoji.nl.go.kr)와 국가자료공동목록시스템(http://www.nl.go.kr/kolisnet)에서
이용하실 수 있습니다.(CIP제어번호: CIP2018028373)」